Kohlhammer

Lindauer Beiträge zur Psychotherapie und Psychosomatik

Herausgegeben von Michael Ermann und Dorothea Huber

Michael Ermann, Prof. Dr. med. habil., ist Psychoanalytiker in Berlin und em. Professor für Psychotherapie und Psychosomatik an der Ludwig-Maximilians-Universität München.

Dorothea Huber, Professor Dr. med. Dr. phil., war bis 2018 Chefärztin der Klinik für Psychosomatische Medizin und Psychotherapie an der München Klinik. Sie ist Professorin an der Internationalen Psychoanalytischen Universität, IPU Berlin, und in der wissenschaftlichen Leitung der Lindauer Psychotherapiewochen tätig.

Eine Übersicht aller lieferbaren und im Buchhandel angekündigten Bände der Reihe finden Sie unter:

https://shop.kohlhammer.de/lindauer-beitraege

Die Autorin

Prof. Dr. rer. medic. Alexandra Modesta Hopf ist Professorin für Kunsttherapie an der Hochschule für Bildende Künste Dresden und leitet dort seit 2020 den Aufbaustudiengang KunstTherapie. Sie ist Studiendekanin und Vorsitzende des Promotionsausschusses Kunsttherapie. Zuvor war sie Professorin für Intermediale Kunsttherapie an der Medical School Hamburg und arbeitete lange Jahre als Kunsttherapeutin in verschiedenen Praxisfeldern. Ihre Forschungsschwerpunkte umfassen handlungs-, körper- und materialbezogene Zugänge zur Kunsttherapie, phänomenologische Ansätze, Künstlerische Forschung und Care-Theorien in der Kunsttherapie. Als Künstlerin, Kunsttherapeutin und Forscherin ist sie Expertin für Collage und Assemblage.

Alexandra Modesta Hopf

Die phänomenologische Kunsttherapie

Wahrnehmen, Handeln und Reflektieren mit Kunst

Verlag W. Kohlhammer

1. Auflage 2026

Gesamtherstellung: W. Kohlhammer GmbH, Heßbrühlstr. 69, 70565 Stuttgart
produktsicherheit@kohlhammer.de

Print:
ISBN 978-3-17-044587-1

E-Book-Formate:
pdf: ISBN 978-3-17-044588-8
epub: ISBN 978-3-17-044589-5

Inhalt

Prolog

Die Lindauer Psychotherapiewochen fanden im April 2023 unter dem Titel »Das Ende der Vernunft?« statt. Das Fragezeichen des Titels öffnet ein Spannungsfeld, das sich einerseits zwischen Vernunft als stabilisierende Qualität im herausfordernden menschlichen Leben und andererseits ihrem Fehlen auftut.

Menschen sind vernunftbegabte und einsichtsfähige Wesen. Sie haben die Fähigkeit, gemeinschaftsfördernde und -bildende Regeln anzuerkennen, auch wenn dies manchmal den Verzicht auf die Durchsetzung eigener Ziele bedeutet. Vernunft gilt als höchste Erkenntnisfähigkeit, da sie uns befähigt, den Verstand zu nutzen, Wahrnehmungen und Bedürfnisse zu berücksichtigen und zu ordnen, Bedeutungen und Zusammenhänge zu erkennen, daraus Schlüsse zu ziehen und dementsprechend eigenes Handeln auszurichten.

Bei der Wahl des richtigen Verhaltens werden vielfältige Einflussfaktoren einer Situation anerkannt, abgewogen und alternative Handlungsmöglichkeiten einbezogen. Mögliche Konsequenzen eines Verhaltens können vorweggenommen werden, sodass eine möglichst günstige Wahl im Hinblick auf eine eigene Zielsetzung getroffen werden kann. Eine vernünftige Haltung hilft dabei, eigene, aber auch Wünsche und Ziele anderer einzubeziehen, sodass unser Handeln uns eigenen Zielen näherbringen kann. Was aber geschieht, wenn wir nicht vernünftig handeln?

Unvernünftig zu handeln bedeutet, im Hinblick auf eigene Bedürfnisse etwas zu tun, das entweder im Widerspruch zu eigenen Prinzipien und Bedürfnissen steht oder im Widerstreit zu denen anderer, von deren Unterstützung wir abhängen.

Auch in Therapien im Allgemeinen und der Kunsttherapie im Besonderen erfordern widersprüchliche und herausfordernde Erfahrungen

Aufmerksamkeit, insbesondere, wenn diese mit inneren und äußeren Konflikten im Leben der Patient*innen verbunden sind. Gehen wir jedoch davon aus, dass jedes Handeln – unabhängig von seinem äußeren Erfolg – einen tieferen Sinn in sich trägt, auch wenn dieser zunächst verborgen bleibt, eröffnet sich die Möglichkeit, produktiv damit umgehen. Gerade das vermeintlich Unvernünftige kann dabei als schöpferischer Ausgangspunkt wirken und zu überraschenden wie auch unerwarteten Einsichten führen.

Im geschützten Rahmen der Kunsttherapie kann durch den experimentellen und hedonistischen Umgang mit künstlerischen Materialien ein tieferes Verständnis der oftmals umwegigen Sinnhaftigkeit des eigenen Tuns und Erlebens entstehen. Dieses Verständnis entzieht sich dem meist vernunft- und zweckorientierten Zugang. Experimentelle künstlerische Herangehensweisen, die in eine stabile und unterstützende kunsttherapeutische Begleitung eingebettet sind, gewährleisten die Rückführung wertvoller Erkenntnisse für ein besseres und erfüllendes Leben der Patient*innen.

1. Vorlesung
Die Grundlagen der phänomenologischen Kunsttherapie

Abb. 1.1: Alltagsgegenstände in der Kunsttherapie (Foto: Alexandra Hopf, 2022)

Die phänomenologische Kunsttherapie bezieht sich primär auf das in der künstlerisch-therapeutischen Praxis Erscheinende. Diese Praxis umfasst die Gestaltungen, Wahrnehmungen und Erfahrungen im kunsttherapeutischen Prozess, die aber auch als Störungen und Irritation am Rande bedeutsam werden.[1] In Abbildung 1.1 ist eine solche Praxis mit Alltagsgegenständen zu sehen: Dabei wurden ausgewählte Gegenstände in einem definierten Feld zueinander in Beziehung gesetzt. Dies war die Ausgangsgestaltung für eine kunsttherapeutische Reflexion einer Gruppe. Um eine solche Reflexion zu ermöglichen, wird möglichst vorurteilslos und referenzarm die aktuelle Situation im Feld und im Zueinander der Dinge beschrieben und nachvollzogen. So können sich in der therapeutischen Begegnung unvorhersehbare Einsichten einstellen. Auf welchen Grundlagen ein solcher kunsttherapeutischer Ansatz beruht, noch bevor sich aus der Praxis ergebende Perspektiven erfassen und therapeutisch nutzen lassen, wird im Weiteren dargelegt.

Das Menschenbild der humanistischen Psychologie, eine salutogenetische Ausrichtung, die Würdigung der Wahrnehmung als Einflussfaktor der Gestaltung, die Erfahrung der Kunst, Künstlerische Forschung als Perspektive der kunsttherapeutischen Praxis und die Begriffe der Performativität, der Intermedialität und Dezentrierung, die aus der Intermedialen Kunsttherapie stammen, all diese Aspekte werden in folgenden Abschnitten für den Ansatz der phänomenologischen Kunsttherapie geltend gemacht.

Humanistische Perspektiven

Die humanistische Psychologie sieht sich in Abgrenzung von Behaviorismus und Psychoanalyse als dritte psychologische Perspektive und bezieht außerdem andere Bezugswissenschaften wie die Anthropologie, die Pädagogik und die Philosophie in ihre Theorie ein.

Grundsätzlich wird der Mensch als nach Selbstwirksamkeit, Erfüllung und Autonomie strebendes Individuum gesehen. Die humanistischen Verfahren dienen vor allem den Anliegen der Patient*innen, wobei vorschnelle Deutung, Wertung oder Kritik vermieden werden. Die Aner-

1 Hopf A (2021)

kennung der individuellen menschlichen Würde, die Förderung des persönlichen Wachstums und die individuelle Resilienz stehen im Vordergrund. Eine Entfaltung der eigenen Identität wird mithilfe einer differenzierten Selbstwahrnehmung und Achtsamkeit gegenüber eigenen Bedürfnissen und Grenzen unterstützt. Symptome werden dabei nicht isoliert betrachtet, sondern als Ausdruck der gesamten bio-psycho-sozialen Einheit des Menschen. Die Förderung der Veränderungsbereitschaft der Patient*innen, größere Flexibilität in Krisensituationen, die Offenheit für kreatives Wachstum und der Körperbezug der Patient*innen werden angestrebt.

Die phänomenologische Kunsttherapie legt ihrer therapeutischen Praxis die Prinzipien der humanistischen Psychologie zugrunde.[2] Dazu gehört die Grundüberzeugung, dass jeder Mensch aus sich selbst heraus Kraft schöpfen kann und sein psychisches Befinden selbst verbessern kann. Teilhabe an einem sozialen Gefüge in einem größeren Gesamtzusammenhang wird ebenso in die Kunsttherapie einbezogen wie das menschliche Bedürfnis nach Selbstverwirklichung und Autonomie, das seinen Ausdruck in einer individuellen Sinnorientierung findet. Außerdem wird die aktuelle Lebenswelt, das Hier und Jetzt, in der phänomenologischen Kunsttherapie berücksichtigt.

Salutogenese in der Kunsttherapie

Aaron Antonovskys Modell der Salutogenese[3] basiert auf einer Untersuchung, die Einflussfaktoren ermittelte, die Überlebende des Holocaust körperlich und psychisch gesund erhalten hatten. Ein Ergebnis war, dass bestimmte Belastungsfaktoren des Menschen zu Erkrankungen führten. Solche Stressoren können physikalische Reize wie Hitze, Kälte oder

2 Schneider G, Tojka-Seid C (2020); Arbeitsgemeinschaft Humanistische Psychotherapie (2024)

3 Antonovsky A (1987)

Sonneneinstrahlung sein, aber auch hormonelle Veränderungen, Schlafmangel oder Emotionen wie Ärger, Wut und Stress. Nicht alle Stressoren haben die gleiche Wirkung auf den Menschen. Nicht jeder Mensch wird als Reaktion auf bestimmte Stressoren krank. Antonovsky beobachtete, dass ein subjektives Gefühl von Zusammenhang und Stimmigkeit in Bezug auf das eigene Leben eine wirksame Ressource gegen Belastungsfaktoren darstellte. Er führte den Begriff des Kohärenzgefühls ein (engl.: sense of coherence/SOC). Dies beschreibt die innere Orientierung, die maßgeblich Wahrnehmung, Einordnung und Wirkung von Stressoren beeinflusst.

Das Konzept der Salutogenese orientiert sich an Protektivfaktoren individueller Gesundheit und betont, was zur Verbesserung der psychosozialen und psychosomatischen Versorgung von kranken Menschen beiträgt.

Wenn das individuelle Kohärenzgefühl ausgeprägt ist, wird das eigene Leben trotz belastender Ereignisse als sinnvoll und zusammenhängend wahrgenommen und die eigene Handlungsfähigkeit bleibt erhalten. Das Kohärenzgefühl äußert sich in der Gewissheit, das eigene Leben steuern zu können und auf unvorhersehbare Einflüsse sinnvoll reagieren zu können. Es setzt es sich aus drei Komponenten zusammen:

1. *Verstehbarkeit,* die sich als Vertrauen in die Fähigkeit zeigt, Ereignisse und Anforderungen der Innen- wie der Außenwelt als geordnete, konsistente Information zu verarbeiten.
2. *Handhabbarkeit,* die sich als Vertrauen auf die eigene Handlungsfähigkeit und Verfügbarkeit von eigenen Ressourcen zeigt.
3. *Sinnhaftigkeit,* die sich in der Perspektive äußert, dass es sich bei Herausforderungen des eigenen Lebens und deren Bewältigung lohnt, sich persönlich zu engagieren und Krisen mithilfe sinnvoller Veränderungen zu überwinden.

Das Kohärenzgefühl bildet sich vor allem in der Kindheit und Jugend aus und bleibt während des gesamten Lebens stabil.[4] Es weist Parallelen zum Begriff der Resilienz auf.

4 Antonovsky A (1987)

Resilienz (engl.: resilience; Spannkraft, Elastizität im Sinne psychischer Widerstandskraft) zeigt sich als Fähigkeit, mit Belastungen so umgehen zu können, dass sie keinen Schaden hinterlassen. Froma Walsh, US-amerikanische Familienforscherin, beschäftigte sich mit familiären und sozialen Protektivfaktoren psychischer Gesundheit. Sie fand heraus, dass resiliente Menschen trotz ungünstiger Lebensumstände aus Krisen gestärkt hervorgehen und noch resilienter werden.[5] Eigenschaften von resilienten Menschen sind u. a. die Akzeptanz von Krisen, eine aktive Lebenshaltung, das Fehlen von Selbstabwertung oder Schuldzuweisungen, die Bereitschaft zur Selbstverpflichtung und gute soziale Ressourcen.[6] Im Unterschied zum Kohärenzgefühl, das sich in der Kindheit und Jugend ausbildet, geht man beim Resilienzkonzept davon aus, dass sich die psychische Widerstandskraft im Laufe des Lebens ausbildet und stetig verbessern kann.

Beide Konstrukte, das des Kohärenzgefühls und der Resilienzfähigkeit, nehmen gesunderhaltende Faktoren in den Blick. In der kunsttherapeutischen Praxis werden diese gesunderhaltenden Faktoren mit dem Entdecken, Herausarbeiten und Betonen von Ressourcen angesprochen. Kunsttherapeutische Verfahren arbeiten mithilfe künstlerischer Handlungsformen an Einübung, Wiederherstellung und Erhalt psychischer Gesundheit und unterstützen so die Bewältigungs- und Selbstregulierungsfähigkeit der Patient*innen. Das Kohärenzgefühl mit seinen drei Kernkomponenten Verstehbarkeit, Sinnhaftigkeit und Handhabbarkeit lässt sich auf Aspekte der Kunsttherapie übertragen.[7]

Eine künstlerische Gestaltung liegt in den Händen der Patient*innen. Sie gestalten ein materielles Objekt (Bild, Skulptur etc.) oder führen etwas in einer Bewegung, einem erzeugten Klang, einer Geste oder in einer Szene auf. Patient*innen verbinden sich im künstlerischen Prozess mit ihren Tätigkeiten, werden wirksam und nehmen sich dabei selbst wahr. Diese Aspekte können den Komponenten des Kohärenzkonzeptes zugeordnet werden:

5 Walsh F (1998)
6 Eichenberg C (2006), S. 10
7 Faltermaier T (2023)

Handhabbarkeit kann sich in der Auswahl und Aneignung des künstlerischen Materials und in der Gestaltung eines Objektes bzw. eines performativen Prozesses zeigen.

Verstehbarkeit und *Sinnhaftigkeit* zeigen sich in der Gestaltung, Vertiefung und Überarbeitung des Gestalteten. Dazu gehören außerdem die Reflexion des Gestaltungsvorganges und der Rückbezug zum therapeutischen Anliegen.

Im Gestaltungsprozess kann inneres Erleben sichtbar werden; es kann aber auch verändert werden (Handhabbarkeit). Ist die Gestaltung abgeschlossen, können unerwartete Eigenschaften des Werkes oder Prozesses dazu führen, dass sich neue Einsichten ergeben, die zutiefst sinnvoll erscheinen und damit das Selbstverständnis fördern (Verstehbarkeit, Sinnhaftigkeit).

Die kunsttherapeutische Reflexion im Gespräch ermöglicht den Transfer dieser Einsichten auf die eigene Lebenssituation und auf therapeutische Anliegen. Der Prozess mit seinen Begleiterfahrungen aktualisiert die Realität des*der Patient*in in der kunsttherapeutischen Begleitung und ermöglicht dadurch ein tieferes Verständnis dieser externen Realität (Verstehbarkeit, Sinnhaftigkeit).

Die künstlerische Gestaltung spannt sich zwischen den Polen der Rezeption und Produktion auf. Es entstehen Rhythmen, Gewichtungen, Spannungen, Harmonien, Dynamiken, Gegensätze und Bewegungen. Patient*innen lernen ihre darauf bezogene Wahrnehmung zu verfeinern und sensibilisieren somit auch ihre Selbstwahrnehmung (Handhabbarkeit, Verstehbarkeit, Sinnhaftigkeit).

Patient*innen werden optimalerweise in der Kunsttherapie so unterstützt, dass sie Herausforderungen verarbeiten können und zu größeren Spielräumen der Selbstexploration gelangen. Künstlerische Interventionen können Spielräume öffnen, weil ergebnisoffen und experimentell vorgegangen wird und sich so neue Perspektiven einstellen können.

Wahrnehmung als Gestaltung

Die Wahrnehmung des Menschen mit dem individuellen In-die-Welt-gestellt-Sein beeinflusst eigenes künstlerisches Tun. Bereits durch Vorlieben für ein bestimmtes künstlerisches Material in der Kunsttherapie wirkt sich Wahrnehmung aus. Bevor etwas getan wird, wird bereits die Umgebung wahrgenommen und auf individuelle Weise in den weiteren Verlauf einbezogen.

Alltägliche und situative Einflüsse in der kunsttherapeutischen Begleitsituation sind als solche nicht immer deutlich zu identifizieren. Sie können sich auch als Störungen mitteilen, aber dennoch im Verlauf relevant werden.

Stellen wir uns eine Patientin vor, die zur ersten kunsttherapeutischen Sitzung in ein Atelier kommt. Schon beim Eintreten stellen sich bei ihr natürlicherweise Wahrnehmungen ein, die die Therapie beeinflussen werden.

Im Anschluss an ein erstes Gespräch werden unterschiedliche Materialien angeboten.

Selbst wenn die Patientin keine Vorerfahrungen hat, wird sie sich zu bestimmten Materialien mehr hingezogen fühlen als zu anderen. Vielleicht erinnert sie sich an das Malen mit Wachskreiden und daran, dass die Kreiden Farbreste an den Minen hatten und der Farbauftrag dadurch verunreinigt wurde. Oder eine satte, homogene Farbfläche war nur mit viel Druck beim Handhaben der Stifte zu erreichen. Vielleicht konnte die Patientin nicht gut zeichnen und vermeidet es deshalb mit feinen Buntstiften oder Bleistiften zu arbeiten. Oder sie fühlt sich zur Acrylfarbe hingezogen, weil die Farbe dickflüssig, farbintensiv und leicht zu verteilen ist. Ein Farbauftrag benötigt wenig körperliche Kraft.

Würde sie nach einer Präferenz gefragt, würde sie vermutlich formulieren können, welches Material sie interessiert. Ein solches Interesse gründet meist auf der Wahrnehmung des Materials und einer individuellen körperlichen Bezugnahme, die bereits vor dem konkreten Gestalten in der Therapie beginnt. Dabei spielen auch andere ästhetische Umgebungsfaktoren wie Lichtverhältnisse und atmosphärische Bedingungen des Raumes eine Rolle. Sie lösen erste Gestaltungsimpulse aus, noch bevor

Abb. 1.2: Material im kunsttherapeutischen Atelier (Foto: Alexandra Hopf, 2016)

der eigentliche kunsttherapeutische Prozess beginnt. Wenn dies im therapeutischen Verlauf mitberücksichtigt wird, können zunächst nebensächlich erscheinende Aspekte bedeutsamer werden, als zunächst vermutet.

> »Wahrnehmung ist Präsenzbewusstsein. Wahrnehmung ist das Bewusstsein von der Gegenwart von etwas. […] Die Wahrnehmung wird hier verstanden als Bezugnahme auf ein Ganzes, das prinzipiell nur durch bestimmte Teile oder Aspekte erfassbar ist.«[8]

8 Merleau-Ponty M (2003), S. 113–114

Der Begriff der Erfahrung

Erfahrungen strukturieren und prägen die Weise, wie Menschen mit ihrer sozialen und materiellen Umwelt interagieren, und konstituieren zugleich gelebtes Leben. Gewohnheitsmäßigen, alltäglichen Verrichtungen wird dabei nur geringe Aufmerksamkeit gewidmet. Im Vordergrund steht das Streben nach Effizienz und Vereinfachung.

Anders verhält es sich bei ästhetischen Erfahrungen, die nicht auf das Erreichen eines konkreten Ziels ausgerichtet sind, sondern das Erleben selbst zum Inhalt haben. Eine ästhetische Erfahrung, wie beispielsweise die Betrachtung eines Kunstwerks, ist eine Form der Erfahrung, die den gesamten Menschen einbezieht.[9]

Das jeweils im Kunstwerk verwendete künstlerische Medium oder Material beeinflusst seine Aussage. Performative Werke – zeitgebundene Aufführungen – entfalten eine andere Wirkung als architektonische oder bildnerische Werke, die andere medien- und materialbezogene Wahrnehmungen erzeugen. Kunstwerke setzen generell Wahrnehmungen frei, die durch die Handlungen entstehen, welche sie hervorgebracht haben. So können wir die Bewegung der Hand, die den Pinsel beim Malen geführt hat, nachvollziehen, wenn wir Pinselspuren auf Papier sehen.

Ästhetische Erfahrungen zeichnen sich durch die innere Beteiligung des Publikums am Werk aus und unterscheiden sich darin fundamental von alltäglichen Erfahrungen.[10]

Zur Handlung, die sich in ein Werk oder einen Prozess einschreibt, kommt die ästhetische Wahrnehmung dieser Handlung hinzu, sodass beide Aspekte miteinander interagieren.

> »Wenn wir gestalten, so berühren und fühlen wir; wenn wir betrachten, so sehen wir, wenn wir lauschen, so hören wir. Die Hand führt die Radiernadel oder den Pinsel. Das Auge verfolgt den Vorgang und verzeichnet das Ergebnis. Durch diese enge Beziehung sind aufeinanderfolgende Handlungen kumulativ und weder willkürliche noch routinemäßige Angelegenheiten. Die Beziehung ist in

---

9 Dewey J (1980), S. 53

10 Dewey J (1980), S. 321

einem starken künstlerisch-ästhetischen Erlebnis so eng, dass sie Tun und Wahrnehmung gleichzeitig bestimmt.«[11]

Entsprechend Deweys Konzept der »Kunst als Erfahrung« (1980) stehen Erfahrung und Wahrnehmung in einer intensiven untrennbaren Wechselwirkung. Wahrnehmung ist der rezeptive Teil eines produktiven künstlerischen Wirkens. Dies gilt auch in der Kunsttherapie als kunstbezogener Therapieform. Patient*innen sind sowohl mit ihrer sinnlichen Wahrnehmung als auch mit ihrem künstlerischen Handeln an einer Gestaltung beteiligt.

Wahrnehmung tritt bereits in der Hinwendung zum Material hervor, die daher in der kunsttherapeutischen Reflexion besondere Beachtung finden sollte. Im Wechselspiel von Rezeption und Produktion kommt ihr während des künstlerischen Gestaltungsprozesses eine wesentliche Bedeutung zu.

Künstlerische Forschung und kunsttherapeutische Praxis

Künstlerische Forschung findet auf unterschiedliche Arten statt: Sie wendet künstlerische Vorgehensweisen und Materialien an, ist im Feld der Künste angesiedelt oder präsentiert sich als Kunst. In der Kunsttherapie kann mithilfe künstlerisch-forschender Methoden außerdem die therapeutische Wirkung künstlerischer Praxis untersucht werden.

> »Eine Art des künstlerischen Arbeitens zu erschaffen, das Tun selbst zu beforschen und die Bedingungen für einen nachhaltigen kreativen Dialog darüber hinaus zu eröffnen: dies würde sich sehr gut als Definition für künstlerische Forschung eignen.«[12]

11 Dewey J (1980), S. 63
12 Wesseling J (2016), S. 15

Erfahrungen und Erkenntnisse, die sich aus kunsttherapeutischen Interventionen ergeben, die künstlerisch-forschend vorgehen, sind immer unvorhersehbar und subjektiv geprägt, selbst wenn sie stark strukturiert sind, wie zum Beispiel spezifische Materialangebote oder Interventionen, unterschiedliche Anwendungskontexte, Settings und Klientel berücksichtigen.

Kunsttherapeutische Interventionen, ebenso wie künstlerische Forschungsaktivitäten, sind zunächst einmal Rahmungen für den Umgang mit spezifischen Anliegen und Fragestellungen im Feld ihrer Anwendung.[13] Das gilt sowohl für die kunsttherapeutische Anwendung als auch für die künstlerische Forschung.

Eine kunsttherapeutische Intervention wird ausgewählt und angewendet, wenn sie sich beispielsweise günstig auf das Befinden einer Patientin während eines Klinikaufenthalts auswirken kann, da sie die Vulnerabilität der Patientin und die Behandlungsbedingungen berücksichtigt. Oder Collage kann die passende künstlerische Intervention in der Kunsttherapie sein, weil damit Autonomiebedürfnisse der Patient*innen in akut-onkologischen Behandlungen erkundet werden können.[14]

Gerade in der Onkologie leiden Patient*innen angesichts der Konfrontation mit potentiell lebensbedrohlichen Erkrankungen unter einem ausgeprägten Autonomieverlust.[15] Sie haben den Eindruck, ihre körperliche und psychische Situation nicht beeinflussen zu können. Künstlerische Erfahrungen, wie die Collagepraxis, die Selbstbestimmung und Selbstwirksamkeit betonen, kompensieren diese Erfahrungen.

Spezifische Materialien und persönliche Fragestellungen können in der Kunsttherapie mithilfe einer forschenden Haltung exploriert werden. Dabei sollte ein freies künstlerisches Spiel möglich sein. Ästhetische Erkundungen und Suchbewegung werden final auf therapeutische Anliegen der Patient*innen bezogen. In dieser Hinsicht weist die Durchführung kunsttherapeutischer Interventionen eine Verwandtschaft zur Konzept-

13 Hopf A (2017)
14 Hopf A (2014), S. 28, 40, 143–144
15 ebenda, S. 211

kunst auf.[16] Konzeptkunst, zum Beispiel in Form einer geplanten künstlerischen Aktion, greift häufig Kontextbedingungen auf und bezieht sich darauf.[17] Aktionen der Konzeptkunst finden auch außerhalb der Kunstwelt statt und machen die Bedingungen des jeweils gewählten Umfelds erfahrbar. So kann sich das Publikum mit diesem Kontext und den dazu gehörenden Umgebungsbedingungen auseinandersetzen.[18] Die Konzeptkunst gilt als eine wissenschaftsnahe und zugleich vermittelnde Kunstform, da ihr Vorgehen sowohl konzeptionell-planerisch als auch kommunizierend ist. Im Mittelpunkt stehen die Ausführung des Publikums und Ideen der Konzeptkünstler*innen.

Interventionen in der Kunsttherapie sind ebenfalls strukturell beschreibbar, ihre Umsetzung jedoch nicht vorherbestimmt. Sie laden zur künstlerischen Praxis ein, ohne Erfahrung und Endergebnis zu bestimmen. Die individuellen Ausführungen sind ergebnisoffen. Dabei ergeben sich häufig Abweichungen von ursprünglichen Interventionsschritten und -elementen. Darin zeigen sich individuelle Bedürfnisse der Patient*innen. Abweichungen sind also bedürfnisorientierte und eigenständige Interpretationsformen der Interventionen und als solche in der kunsttherapeutischen Reflexion anzuerkennen.

Für die künstlerisch-forschende Perspektive in der kunsttherapeutischen Praxis gilt, dass sie Unvorhersehbares innerhalb einer nachvollziehbaren Rahmung würdigt. Im Aushandeln zwischen Rahmung der Interventionen und unvorhersehbarem Ausführen gewinnen Patient*innen Freiräume, die neue Impulse im Gestaltungsprozess und neue Perspektiven in Bezug auf ihre Anliegen ermöglichen.

Im Rückblick auf das Zitat zu Künstlerischer Forschung zu Beginn dieses Kapitels wird deutlich, dass Künstlerische Forschung und explorative kunsttherapeutische Interventionen Analogien aufweisen. Patient*innen können im Rahmen dieser Interventionen forschend vorgehen und mithilfe ihrer Erfahrungen und Wahrnehmungen zu neuen Einsichten gelangen. Kunsttherapeut*innen initiieren den Austausch darüber in abschließenden Reflexionen, um nach- und mitzuvollziehen, zu wel-

16 Hopf A (2019)
17 Hopf A (2014)
18 Puffert R (2018)

chen Impulsen und Erfahrungen die angebotenen Interventionen geführt haben.

Haben sich Patient*innen auf die künstlerische Praxis einlassen können? Sind Patient*innen in einen spielerischen Modus der Gestaltung gekommen? Welche Erfahrungen ergaben sich und welche Einsichten gingen daraus hervor? Diese Perspektiven verweisen auf das Experimentelle und Forschende des künstlerischen Handelns in der phänomenologischen Kunsttherapie.

Künstlerische Forschung in der Kunsttherapie bezieht sich aber auch auf die Untersuchung kunsttherapeutischer Wirksamkeit der künstlerischen Praxis. Es werden Wahrnehmungs- und Erfahrungsmomente aufgespürt und untersucht, die mithilfe künstlerischer Interventionen angeregt werden. Diese künstlerische Forschungsperspektive wird auch dem therapeutischen Umgang mit künstlerischer Praxis methodisch gerecht und ist dabei zugleich Voraussetzung für den umfassenden und erfahrungsnahen Nachvollzug kunstspezifischer Wirkfaktoren in der Therapie.

Die Phänomenologie in der Kunsttherapie

Die Phänomenologie ist ein philosophischer Ansatz, aber auch eine konkret anwendbare Methode der Wirklichkeitserfassung, die sich auf das bezieht, was unmittelbar erscheint. Eine sinnlich erfahrbare Realität wird beschrieben, ohne sich auf Vorannahmen und Ursachen ihres Erscheinens zu beziehen.[19] Der Begründer der Phänomenologie, der Philosoph und Mathematiker Edmund Husserl (1859–1938), erhob die menschliche Erfahrung selbst zum Inhalt seiner Untersuchung. Ihn interessierte, welche Konzepte Menschen im Hinblick auf ihre Einbettung und Teilhabe an der Welt entwickelten. Sein Ansatz hob die Trennung von Subjekt und Objekt

19 Merleau-Ponty M (1966)

auf und zeigte, dass jede Form menschlichen Wissens an gelebte Erfahrung gekoppelt ist.[20]

Der phänomenologische Bezug auf das Erscheinende und die gelebte menschliche Erfahrung wird hier auf die Kunsttherapie übertragen. Im Zentrum steht eine praxis- und erfahrungsorientierte kunsttherapeutische Umsetzung des phänomenologischen Ansatzes. Folgende Fragen begleiten eine solche kunsttherapeutische Praxis:

Welche Wahrnehmungen und Erfahrungen machen Patient*innen im künstlerischen Prozess der Kunsttherapie? Wie lassen sich diese rein von ihrem Erscheinen her beschreiben? Welche Einsichten eröffnen sich aus dieser phänomenologischen Perspektive?

Die Epoché, die phänomenologische Reduktion

Die Epoché, die methodische Anwendung der phänomenologischen Philosophie, geht ebenfalls auf den Philosophen Edmund Husserl zurück. Sie setzt bei einer offenen Haltung in der Beobachtung von Situationen an und stellt zugleich die Gewissheit von Vorannahmen und Vorurteilen infrage. Es geht darum, herauszufinden, was unanzweifelbar in der aktuellen Situation gewusst werden kann.

> »Die Untersuchung hat sich der Wirklichkeit zuzuwenden, und zwar so, wie sie erscheint, so wie sie sich unserer Erfahrung zeigt, denn eben auf diese Erfahrung haben sich wohlbegründete Annahmen zu stützen. Sich dem Gegebenen zuzuwenden ist jedoch leichter gesagt als getan […]. Um nicht nur die Naivität der natürlichen Einstellung, sondern auch verschiedene spekulative Hypothesen über die metaphysische Verfassung der Wirklichkeit zu meiden, ist es unerlässlich, unser Einverständnis mit der natürlichen Einstellung zu suspendieren […]. Die Ausschaltung einer voreingenommenen und letztlich inkonsistenten Theorie von der Welt […]. Dieses Manöver, bei dem wir darauf verzichten, unserer natürlichen Neigung zu folgen, wird als phänomenologische Epoché und Reduktion bezeichnet.«[21]

20 Álvarez-Vázquez JY (2010)
21 Zahavi D (2007), S. 22

Folgende Fragen helfen Patient*innen sich an einer von der Epoché inspirierten Herangehensweise zu orientieren:[22]

- Was erscheint? Was nehme ich wahr, wenn ich meine Gestaltung betrachte?
- Was habe ich erfahren? Was sehe ich? Was rieche, höre, spüre ich?
- Welche Sinne werden angesprochen?
- Wie lässt sich das Wahrgenommene in Worte fassen? Welche Eigenschaften hat es?
- Welche dieser Wahrnehmungen sind für mich besonders wichtig?
- Welche davon würde ich hervorheben?
- Aber auch: Welche meiner Bezugnahmen sind eher Meinungen oder Vorstellungen als zur Situation gehörende sinnliche Eindrücke?

Wenn kunsttherapeutische Prozesse so untersucht werden, werden vor allem Erfahrungen, sinnliche Wahrnehmungen und körperliche Begleiterscheinungen angesprochen. Das Ausklammern anderer Bezüge, wie Vorannahmen oder Meinungen, erleichtert den aktuellen Zugang zum künstlerischen Prozess und den Selbstbezug der Patient*innen.

Patient*innen verbinden sich dabei mit dem eigenen, oft unausgesprochenem Handlungswissen. Sie lernen ihrem eigenen künstlerischen Handeln als Quelle für eine neue Orientierung zu vertrauen. Unerwartete Lösungswege und Erkenntnisse sind darin angelegt und können herausgearbeitet werden. Allerdings können diese handlungsbezogenen Wissensformen nicht denkend vorweggenommen werden. Allein die konkrete künstlerische Praxis in der Kunsttherapie kann eine Quelle solcher Erkenntnisprozesse sein.

Die fragend-forschende Distanznahme durch die phänomenologische Reduktion eröffnet einen erweiterten Spielraum der Erkundung und Selbstreflexion. Man nähert sich dem Gegebenen tastend und beschreibend, sodass sich dabei Einsichten eher im Rückblick einstellen und einordnen lassen.[23] Der künstlerisch-therapeutische Verlauf und flankie-

22 Husserl E (1962), S. 154
23 Bermes C (2004), S. 95

rende Erfahrung werden als Wissensspeicher anerkannt und gewürdigt.[24] Patient*innen, einmal mit diesem Vorgehen vertraut, werden in ihrer Autonomie und Selbstwirksamkeit gestärkt. Therapeutisches Kontextwissen, in Form von Diagnosen, Symptomen oder Krankheitsverläufen, wird zunächst »professionell vergessen«[25], um eine möglichst unbeeinflusste Offenheit für die Exploration des Prozesses zu erhalten. Es geht um einen referenzarmen Wirklichkeitszugang. Einsichten und Erkenntnisse werden final wieder mit Alltag und Behandlungskontext der Patient*innen verknüpft. Dieser Transfer ist Ernte und Abschluss des kunsttherapeutischen Prozesses.

Helmuth Vetter, ein österreichischer Philosoph, fasste die Faktoren der Phänomenologie folgendermaßen zusammen: Die phänomenologische Methode erziehe zum respektvollen und gelassenen Umgang mit allem, was erscheint und uns begegnet. Sie bilde darin aus, Vorurteile und Meinungen auszuklammern, die gewohnheitsmäßig auf alles übertragen werden, was uns begegnet und lehrt uns dabei zugleich kritisch eigene und die Meinungen anderer zu hinterfragen.[26]

Performativität und Intermedialität

In den 1970er Jahren kommt mit den ersten Performances eine neue Kunstform auf. Eine Performance lässt eine unwiederholbare Wirklichkeit in einer Aufführung entstehen. Sie ist eine Kunstform, die dem traditionellen, materiellen und überzeitlichen Kunstwerk eine vergängliche Kunstaktion gegenüberstellt.[27]

In ihrer Prozess- und Gegenwartsgebundenheit thematisiert die Performance Zeitlichkeit anders als dies zuvor in der bildenden Kunst ge-

24 Lembeck K-H (1994), S. 37
25 Flusser V (1993), Klappentext
26 Vetter H (2007), S. 9–10
27 Gommel S (2014)

schehen war.[28] Performances sind standort-, situations- und personengebunden. Performancekünstler*innen vermitteln mit ihren Aktionen ihre subjektiven Bezüge zur Wirklichkeit und verknüpfen so Künste und Kunstformen.[29] Im freien Spiel von Zeit, Raum, Akteur*innen, Medien und Materialien und unter Einbezug des Publikums entsteht eine geteilte und miterlebte Aktion. Der Einbezug des Publikums hebt die Grenze zwischen Künstler*in, Kunst und Betrachter*in auf und führt dabei auch zu einer Demokratisierung der Kunst, in der unterschiedliche Formen der Beteiligung, der Deutung und einander widersprechender Normen anerkannt werden. Dieser spezifischen Vielstimmigkeit wird Raum gegeben.

Aus einer konstruktivistischen Perspektive beruht jede Form von Erkenntnis und Einsicht auf individuellen Erfahrungen und Deutungen und kann nur aus der Anerkennung dieser Bedingtheit nachvollzogen werden. Beziehen wir die performative Sicht der Künste auf kunsttherapeutische Interaktionen, können auch in diesem therapeutischen Begleiten aufführungsbezogene Qualitäten mitberücksichtigt werden. Es geht also nicht primär um Umsetzung von kunsttherapeutischen Interventionen oder um einen festgeschriebenen Umgang mit therapeutischen Anliegen in Krisensituationen, sondern um die Aufmerksamkeit für das tatsächlich stattfindende Handeln unter vielfältigen situativen Umgebungsbedingungen. Dies zeigt sich im künstlerischen Gestalten, aber auch in Alltagspraktiken mit jeweils beteiligtem verkörpertem Wissen.[30] Patient*innen werden mithilfe dieser Herangehensweise sensibilisiert. Sie gelangen zu einer gesteigerten Aufmerksamkeit für ihr eigenes Wahrnehmen und Erleben und erlangen dadurch mehr Selbstwirksamkeit.

Theoretische und handlungsbezogene Perspektiven aus den Kunstwissenschaften sowie Perspektiven aus der Performancekunst erweitern künstlerische Dimensionen der Kunsttherapie. Performative Kunstformen akzentuieren die leibliche Präsenz der Akteur*innen und beziehen den Raum und raumbezogene Handlungen ein. Bildnerische Medien, alltagsbezogene Materialien und performative Kunstformen werden zu-

28 Seitz H (2016)
29 Seitz H (2015)
30 Fischer-Lichte E (2004), S. 11

sätzlich um filmische und digitale Produktionsweisen in der Kunsttherapie erweitert.

Bereits in der Intermedialen Kunsttherapie werden die Begriffe Performativität und Intermedialität geltend gemacht.[31] Die Intermediale Kunsttherapie setzt unterschiedliche künstlerische Medien ein und bietet theoretische Ansätze der Verortung und Reflexion an.[32] Sie nutzt insbesondere Medienwechsel während der therapeutischen Begleitung. Diese Wechsel bereichern die künstlerischen Wahrnehmungs- und Erfahrungsmöglichkeiten beteiligter Akteur*innen.

Intermedialität in der Kunsttherapie lässt eine mediale Vielfalt zu und geht zugleich methodisch mit dieser Vielfalt um, wenn beispielsweise mediale Wechsel spontan oder auch gezielt herbeigeführt werden. Der Wechsel von einem künstlerischen Medium in ein anderes erzeugt einen Zwischenraum (lat.: inter; intermedial), in dem andere, bisher nicht angesprochene Sinne adressiert werden. Es wird in diesem Zusammenhang wird von Intermodalität gesprochen, so beispielsweise, wenn Patient*innen mit einem angebotenen Material nicht in Resonanz treten können, der Umgang mit einem anderen Material jedoch interessant erscheint und gelingt. Oder es findet ein Wechsel von einem Bildmedium in ein bewegungsbezogenes Medium statt, sodass neue Sinneswahrnehmungen und Handlungsimpulse aktiviert werden. Diese Belebung ermöglicht eine Weiterführung des kunsttherapeutischen Prozesses, wenn dieser zuvor möglicherweise stagnierte. Um diese Wechsel in unterstützender Weise herbeizuführen, sind grundlegende Kenntnisse und eigene Erfahrungen mit künstlerisch-ästhetischen Prozessen in ihrer Tiefe und Intensität notwendig. Andernfalls könnten unwissentlich schwierige und konflikthafte Erfahrungen ausgelöst werden, die nicht gerahmt und integriert werden können.

Generell dienen Medienwechsel dazu, einschränkende Handlungs- und Wahrnehmungsmuster der Patient*innen in Bewegung zu bringen und zu überwinden. Medienwechsel rufen Perspektivenwechsel hervor, die sich in hilfreichen Einsichten zeigen können. Einander widersprechende Denk- und Handlungsmodi in all ihrer Komplexität eignen sich

31 z. B.: Sinapius P (2018), Hopf A (2018)
32 ebenda

generell für die künstlerische Exploration und Reflexion. Sie können, und hier lässt sich erneut ein Bezug zum Tagungsthema »Die Grenzen der Vernunft?« herstellen, in künstlerisch-forschenden Prozessen ausgelotet, integriert und letztlich mit dem kunsttherapeutischen Ausgangsanliegen verknüpft werden. Lineare Denkmodi hingegen lassen nur jeweils eine gültige Antwort zu.

Hartmut Rosa verknüpft aus seiner soziologischen Perspektive den Begriff der Unverfügbarkeit[33] mit den Phänomenen von Unvorhersehbarkeit[34] und Widerfahrnis.[35] Damit rückt er zugleich die grundsätzliche Offenheit, Kontingenz und Ungesichertheit der menschlichen Existenz in den Fokus.

Auch der Ereignisbegriff, wie ihn Alain Badiou, ein französischer Philosoph, entwickelt hat, verweist auf die inhärente Ungesichertheit des Lebens und betont darüber hinaus die transformative Dimension menschlicher Begegnungen. Badiou schreibt: »Die Begegnung von zwei Unterschieden ist ein Ereignis, etwas Kontingentes und Überraschendes […]. Diese Überraschung bringt einen Prozess in Gang, der eine grundlegende Welterfahrung ist.«[36]

Die hier angesprochene Dimension der Überraschung besitzt zudem besondere Relevanz für den kunsttherapeutischen Kontext. Im therapeutischen Prozess kann sich über das künstlerische Handeln ein solches Ereignis einstellen und entwicklungsfördernd wirksam werden. Dabei treten herausfordernde und nicht planbare Welterfahrungen im sicheren kunsttherapeutischen Begleitkontext auf und können hier, unterstützt von Kunsttherapeut*innen, exploriert werden. So eröffnen sich Patient*innen neue Einsichten, die sie in ihr erweitertes Selbst- und Weltverhältnis intergieren können.

33 Rosa H (2018)
34 Rosa H (2018), Husserl E (2011)
35 Husserl E (2011), Bonnemann J (2016)
36 Badiou A (2015), S. 32

Dezentrierung, ein intermediales Modell

Die Dezentrierung, ein Begriff der Intermedialen Kunsttherapie[37], bezeichnet ein Vorgehen, bei dem therapeutische Anliegen und Fragestellungen der Patient*innen in einem ersten Schritt ernstgenommen und gewürdigt werden. In einem zweiten Schritt findet jedoch eine Abwendung vom formulierten Anliegen statt, damit ein möglichst großer Spielraum der künstlerischen Erkundung im kunsttherapeutischen Prozess stattfinden kann. Dies geschieht, wenn Patient*innen zur freien künstlerischen Exploration eingeladen werden, ohne dass dabei die Anliegen selbst thematisiert werden; diese werden also nicht in die künstlerische Gestaltung einbezogen. Vielmehr wird eine Loslösung davon angestrebt.[38] Mit der kunsttherapeutischen Dezentrierung wird also der therapeutische Rahmen zunächst bewusst verlassen, um der Kontingenz des Künstlerischen Raum zu geben. Die Aufmerksamkeit wird auf das Wahrnehmen, Erleben und Experimentieren im Erfahrungsraum der Künste gelenkt.

Das individuelle Leben fordert dazu heraus, individuelle, partnerschaftliche, familiäre und soziale Bedürfnisse auszubalancieren. In situativen Ausgleichsbewegung werden inneres Erleben, Wahrnehmen und äußeres Handeln aufeinander bezogen und verhandelt. Es geht um Strukturierung, Gestaltung und Sinnhaftigkeit unter gegebenen Lebensbedingungen. Patient*innen fühlen sich in Krisen häufig unsicher und orientierungslos. Sie erleben, dass sie mit ihren Problemen nicht wie bisher umgehen können und Veränderungen in ihrem Leben notwendig sind, ohne zu wissen, wie solche Veränderungen aussehen könnten. Strategien, die bisher erfolgreich waren, helfen nicht mehr weiter. Hinzu können Leidensdruck, Unsicherheit und Erschöpfung kommen. Diese Erfahrungen können sich durch die Wahrnehmung, isoliert zu sein und die Krise allein bewältigen zu müssen, verstärken.

In der Kunsttherapie, wie auch in anderen Therapieformen, geht es zunächst um ein Gewahr-Werden und Anerkennen der jeweiligen Belas-

37 Eberhard H, Knill P (2010), S. 123–24

38 Jahn H (2016), Renz M (2015)

tung. In einem weiteren Schritt werden Möglichkeiten der Bearbeitung mithilfe der Kunsttherapie vorgestellt. Wichtig ist, dass Patient*innen eine kunsttherapeutische Begleitung aussichtsreich und unterstützend wahrnehmen können. So können sie sich auf das künstlerische Erkunden einlassen und von den dabei entdeckten Spielräumen und unvermuteten Perspektivenwechsel profitieren. Diese neuen Perspektiven werden anschließend in den Lebenskontext der Patient*innen zurückgeführt. Auf diese Weise, in der Abwendung von alltäglicher Zielorientierung und Zweckgebundenheit, und im geschützten kunsttherapeutischen Setting, können künstlerische Erfahrungen dazu dienen, Krisen zu überwinden.

Interventionen werden entsprechend der Bedürfnisse der Patient*innen und heterogener institutioneller Rahmenbedingungen im kunsttherapeutischen Anwendungsfeld entwickelt, erprobt und ausgewählt.[39] Trotz unterschiedlicher und strukturierter Rahmungen und Interventionen sind immer Variationen der Durchführung möglich. Folglich weist jeder kunsttherapeutische Prozess sowohl planbare Aspekte als auch individuell unvorhersehbare und ergebnisoffene Qualitäten auf.[40]

Die kunsttherapeutische Haltung

Für Patient*innen ist eine Atmosphäre der Achtsamkeit und Unterstützung in der Kunsttherapie förderlich. Sie sollten die Möglichkeit haben, sich der therapeutischen Beziehung und der damit verbundenen Selbstoffenbarung in ihrem eigenen Tempo anzunähern.

Wenn dieser Prozess der Öffnung durch Therapeut*innen vorangetrieben wird, kann das als Kontrollverlust seitens der Patient*innen erlebt werden, besonders wenn sie sich in einer akuten Lebenskrise befinden. Häufig fühlen sie – trotz des Bedürfnisses, sich zu entlasten – eine gewisse Scham, da sie einer zunächst fremden Person Einblick in intime Pro-

39 Hopf A (2017)
40 ebenda, S. 27

blembereiche gewähren.[41] Eine wertschätzende und respektvolle Würdigung dieser für eine gelingende therapeutische Begleitung erforderlichen Offenheit hilft, diese vermeintliche Schwäche als Ressource und emotionale Kompetenz der Patient*innen anzuerkennen.

Patient*innen sollten während des therapeutischen Kontakts ihre eigenen Grenzen wahrnehmen und formulieren können. Wenn sie signalisieren, dass bestimmte Problembereiche zunächst nicht angesprochen werden sollten, können diese sich allerdings auch in niedrigschwelligen kunsttherapeutischen Intervention artikulieren, ohne sie explizit zu machen. Eine explorative künstlerische Intervention in der Kunsttherapie kann entlasten, weil sie zum freien Spiel mit Material einlädt und nicht auf Problembereiche fokussiert.

Durch Patient*innen explizit oder impliziert gesetzte Grenzen zeigt sich ihre individuelle Belastbarkeit. Generell ist Zurückhaltung im Hinblick auf die Deutung von herausfordernden und belastenden Gestaltungsinhalten angezeigt. Die Gestaltungen und ihre Einbettungen gehören primär in den Kontrollbereich der Patient*innen und stützen damit ihre Autonomie. Eine Deutung seitens der*s Kunsttherapeut*in kann durchaus als Übergriff wahrgenommen werden. Für manche Patient*innen kann schon die Einladung zu Spielräumen der künstlerischen Gestaltung und wertfreien Exploration ungewohnt sein. Sie benötigen Zeit, um diesen Zugang kennenzulernen, schrittweise zu erkunden und letztlich selbstbestimmt für sich in Anspruch zu nehmen. Im Nachvollziehen des eigenen Tuns können sich Patient*innen mit ihren Erfahrungen erneut verbinden, um diesen Sinn zuzuweisen und Einsichten abzugewinnen. Patient*innen erfahren Selbstwirksamkeit, wenn sie ihre Erfahrungsinhalte selbst auf ihre Anliegen beziehen und sich dabei in einem geschützten und wertfreien therapeutischen Rahmen aufhalten können.

41 Hopf A (2014)

Zusammenfassung der 1. Vorlesung

Die *phänomenologische Kunsttherapie* orientiert sich an den Grundannahmen des humanistischen Menschenbildes. Der Mensch wird als ein grundsätzlich schöpferisches und selbstbestimmtes Wesen angesehen, das mit der Fähigkeit zur Regeneration und Entwicklung in Lebenskrisen ausgestattet ist. Die menschliche Schöpferkraft vermittelt sich in der Gestaltung des Lebens und der sozialen Beziehungen, aber auch ganz explizit in der Gestaltung künstlerisch-ästhetischer Prozesse, wie sie in der Kunsttherapie begleitet werden. Durch den Einsatz künstlerischer Herangehensweisen werden Wege eröffnet, um Krisen zu verarbeiten und individuelle Entwicklungsprozesse der Patient*innen anzuregen.

Das *Konzept der Salutogenese* betont die menschliche Fähigkeit zur selbstbestimmten Erhaltung und Wiedererlangung der eigenen Gesundheit. In der Kunsttherapie werden Ressourcen und Protektivfaktoren individueller Gesundheit mithilfe schöpferischer Gestaltungsprozesse aufgespürt und anerkannt. Künstlerische Tätigkeiten fördern sowohl die Selbstwirksamkeit als auch die Selbstwahrnehmung der Patient*innen. Künstlerische Handlungsformen tragen außerdem zur Unterstützung der Bewältigungs- und Selbstregulierungsfähigkeit bei. Das Kohärenzgefühl, mit seinen drei Kernkomponenten Verstehbarkeit, Sinnhaftigkeit und Handhabbarkeit, ein der Salutogenese zugeordnetes Konstrukt, greift Aspekte der Gesunderhaltung auf, die auch im kunsttherapeutischen Prozess beobachtet werden. Handhabbarkeit kann im Umgang mit künstlerischem Material erlebt werden. Verstehbarkeit stellt sich häufig aus der Erfahrung und Anerkennung einer zunächst impliziten Handlungslogik im eigenen schöpferischen Tun ein. Sinnhaftigkeit ergibt sich im Rückblick auf den durchlebten künstlerischen Prozess und wird Teil eines gelingenden kunsttherapeutischen Reflexionsprozesses.

In der phänomenologischen Kunsttherapie wird der ästhetischen *Wahrnehmung* der Patient*innen und Kunsttherapeut*innen ebenso viel Aufmerksamkeit geschenkt, wie dem produktiven Umgang mit künstlerischem Material. Auch andere, auf die Wahrnehmung einwirkende Einflüsse des therapeutischen Prozesses werden berücksichtigt. Häufig drängen diese sich von den Rändern des Prozesses auf und werden durchaus auch als Störungen wahrgenommen. Auch solche zunächst irritierende Wahrnehmungen sind als potenziell erkenntnisbringende Gestaltungsperspektiven anzusehen.

John Deweys *Begriff der Erfahrung* bezieht die ästhetische Wahrnehmung des Menschen in das Kunstschaffen ein. Auch in der phänomenologischen Kunsttherapie wird Kunst in einer Doppelperspektive aus Rezeption und Produktion geltend gemacht, wenn beispielsweise im kunsttherapeutischen Begleitgespräch neben werk- und prozessbezogenen Aspekten die Wahrnehmungen der Akteur*innen angesprochen und einbezogen werden. Sie beleuchten die inhärente Sinnhaftigkeit des eigenen Handelns und ermöglichen damit ein tieferes Verständnis des kunsttherapeutischen Verlaufs.

Die *Verwandtschaft von Künstlerischer Forschung und künstlerischen Interventionen* in der Kunsttherapie zeigt sich in Struktur und Nachvollziehbarkeit des künstlerischen Vorgehens und in der Ergebnisoffenheit der künstlerischen Ergebnisse. Diese Rahmung als Klammer des Begleitens ermöglicht es, sowohl Erfahrungen und Wahrnehmungen der Patient*innen als auch die Ergebnisse des kunsttherapeutischen Prozesses mit den Anliegen der Patient*innen zu verknüpfen. Kunsttherapeutische Interventionen sollten generell, gerade in Bezug auf die Wahrung des Patient*innenschutzes, kritisch reflektiert werden. Dies ist durch ihre Nachvollziehbarkeit und Vermittelbarkeit und die Offenheit der künstlerischen Ergebnisse gewährleistet. So werden außerdem Anerkennung und Validität der kunsttherapeutischen Methoden im Feld ihrer therapeutischen Anwendung gesichert.

Die *Phänomenologie* stellt der Kunsttherapie Ansätze und Methoden zur Verfügung, die einen unvoreingenommenen Zugang zur aktuellen Wirklichkeit der kunsttherapeutischen Begegnung ermöglichen. Sie unterstützt eine vorurteilslose Beschreibung des Gestaltungsprozesses, eine Exploration der Gestaltung und fördert die Autonomie der Patient*innen. Insgesamt etabliert sich mit der phänomenologischen Perspektive eine forschende Haltung gegenüber Gestaltung und Therapieprozess und ermöglicht unerwartete Erkenntnisse und Perspektivenwechsel.

Performative Zugänge und eine mediale Vielfalt in der Kunsttherapie fördern Patient*innen dabei, anders und neu auf krisenhafte Situationen zu blicken. Performativität bezeichnet den zeitgebundenen und unwiederholbaren Charakter der künstlerischen Praxis, aber auch anderer begleitender Handlungen in der Kunsttherapie. Diese haben eine Aussagewirkung und sind zeit-, personen- und kontextgebunden. Der Begriff der *Intermedialität* bezieht sich auf die Verwendung unterschiedlicher Medien und Materialien in der Kunsttherapie. Jedes Medium und Material ermöglichen spezifische Wahrnehmungen und Handlungen. Medienwechsel, als Interventionen in der Kunsttherapie eingesetzt, führen zu neuen Sinneswahrnehmungen und zu Verfremdungseffekten, die bei Patient*innen die Selbstwahrnehmung sensibilisieren und vertiefen können.

Die *Methode des Dezentrierens* verhilft Patient*innen zur zeitweiligen Loslösung von belastenden Krisenerfahrungen und einengenden, problemorientierten Perspektiven. Mithilfe der gezielten Distanznahme und der Einladung in einen künstlerischen Explorationsprozess wird eine spielerische Haltung im Erfahren, Handeln und Gestalten gefördert.[42] Dies ermöglicht die Erprobung neuer Handlungsformen, die in Rückbezug auf die therapeutischen Anliegen der Patient*innen relevant werden. Einsichten aus der künstlerischen Exploration werden im Austausch mit den Kunsttherapeut*innen in den Alltagskontext der Patient*innen als potenzielle Lösungsstrategien übertragen.

Die *Haltung der Kunsttherapeut*innen* zeigt sich in einer stützenden, anteilnehmenden und wertschätzenden Begleitung der Patient*innen. Störgefühle und Unsicherheit der Patient*innen können vermieden werden, wenn das eigene kunsttherapeutische Vorgehen transparent gemacht wird und Patient*innen verstehen, was in der Kunsttherapie geschieht und wie damit umgegangen wird. Manchmal benötigen Patient*innen Unterstützung, um den Gestaltungsprozess zu beginnen, weiterzuführen oder ihre Identifikation damit aufrechtzuerhalten. Diese Identifikation mit der künstlerischen Erfahrung ist ein zentraler Faktor, der ein Gelingen der Kunsttherapie ermöglicht, da erst mit ihm der Prozess vom subjektiven Erleben der Patient*innen getragen wird. So wird das künstlerische Tun zur direkten Erfahrung von Selbstwirksamkeit.

Die *phänomenologische Kunsttherapie* zeichnet sich durch eine referenzarme, am künstlerischen Prozess und der aktuellen therapeutischen

42 Jahn H (2016), Renz M (2015)

Situation orientierten Perspektive aus. Diese dient der Unterstützung und Ermächtigung der Patient*innen. Es werden die Grundsätze des humanistischen Menschenbildes und eine an der Genesung und Gesunderhaltung des Menschen ausgerichtete Sichtweise vorausgesetzt. Eine ergebnisoffene und fragend-forschende therapeutische Bezugnahme paart sich mit der Würdigung der Handlungen in ihrem situativen Erscheinen. Damit werden auch ungewöhnliche therapeutische Perspektiven zugelassen, zum Beispiel die Anerkennung von Brüchen oder Störungen, die sich am Rande des kunsttherapeutischen Bezugsrahmens einstellen. Im kunsttherapeutischen Prozess, der als performatives Geschehen betrachtet wird, können unterschiedliche Medien eingesetzt werden, aber auch gewechselt werden, sodass unterschiedliche Sinne der Patient*innen angesprochen werden. Die Dezentrierung, eine Methode der intermedialen Kunsttherapie, unterstützt zusätzlich die experimentellen Aspekte der kunsttherapeutischen Begleitung. Generell steht eine schützende und unterstützende kunsttherapeutische Haltung im Vordergrund, die Räume der Selbstexploration ermöglicht, aber nicht erzwingt.

2. Vorlesung
Raum, Bewegung und Farbe in der phänomenologischen Kunsttherapie

In der öffentlichen Vorstellung von Kunsttherapie dominiert häufig das Bild einer Patientin oder eines Patienten, die oder der in malender Auseinandersetzung vor einem entstehenden Werk steht. Dieses Werk wird anschließend im therapeutischen Gespräch als Ausgangspunkt der Reflexion herangezogen. Dabei werden die Symptome oder Problemkonstellationen, die zur Inanspruchnahme kunsttherapeutischer Unterstützung geführt haben, in den bildnerischen Zusammenhang eingebettet. Ein solches Vorgehen folgt einer problemorientierten Logik und sucht seine Aktualisierung in der Gestaltung. Vorannahmen prägen dann die Wahrnehmung der Gestaltung so, dass Defizite im Vordergrund stehen und Offenheit und die situative Unvorhersehbarkeit des künstlerisch-therapeutischen Prozesses kaum Raum erhalten.

Dieser Vorstellung soll im Folgenden eine alternative Herangehensweise gegenübergestellt werden. Erste leitende Fragen können dabei die folgenden sein:

Was ist in dieser Situation tatsächlich gesichert? Wie lässt sich die Gestaltung so erkunden, dass sie möglichst vorurteilsfrei und ergebnisoffen bleibt? Wie kann eine referenzarme Annäherung an die Gestaltung erfolgen, die neue Sichtweisen und Erkenntnisse ermöglicht?

Trotz der inzwischen etablierten Vielfalt an Perspektiven innerhalb der Kunsttherapie erscheint es weiterhin notwendig, das therapeutische Potenzial sowohl des künstlerischen Handelns als auch des offenen, prozessorientierten Erkundens herauszuarbeiten.

Kunsttherapeutische Wahrheitsprozeduren

Der allgemeine Wissensbegriff ist primär naturwissenschaftlich geprägt und damit binär. Entweder wird etwas gewusst oder es wird nicht gewusst. Wissen hingegen, das aus Erfahrung, Handlung und Wahrnehmung hervorgeht, entzieht sich einer binären Logik.[43] Insbesondere im Kontext künstlerischen Schaffens sind Handlungen und Wahrnehmungen untrennbar mit Gestaltungsprozessen, sinnlichen Eindrücken sowie weiteren, flankierenden Erfahrungen verbunden. Dieser Prozess ist vielschichtig, komplex und multiperspektivisch.[44] Das daraus entstehende Wissen ist nicht objektivierbar im klassischen Sinne, sondern erschließt sich durch eine individuelle Beteiligung und/oder durch ein empathisches Mitvollziehen. Häufig ist diese Form des Wissens nicht oder nur schwer in Worte zu fassen. Es muss erfahren werden. Der binäre Wissensbegriff der Naturwissenschaft steht einem handlungsorientierten und künstlerisch-ästhetischen Wissensbegriff komplementär gegenüber. Wenn in der Kunsttherapie die persönliche Entwicklung der Patient*innen mithilfe künstlerischer Prozesse angeregt werden soll, erfordert dies eine entsprechende epistemologische Perspektive auf die Gültigkeit von Wissen. Künstlerisch-ästhetische Erfahrungen sind stets zeitlich, situativ und persönlich gebunden. Charakteristisch ist für diese Erfahrungen ihre Unmittelbarkeit und Verankerung im gegenwärtigen Moment des Hier und Jetzt.

Ed Pluth hat sich mit den Begriffen des Wissens und der Wahrheit in der Philosophie beschäftigt: »Wahrheit […] befindet sich in striktem Gegensatz zum Wissen. […]. Daher ist die Wahrheit in einer Wahrheitsprozedur dazu bestimmt, als Preis für ihren Erfolg etwas anderes zu werden als die Wahrheit (Wissen, um genau zu sein).«[45] Wissen, wie es Pluth versteht, ist ein aufgezeichneter und somit historischer Wissensbe-

43 Badura J, Dubach S (2015), S. 124
44 Bippus E (2016), S. 5–6
45 Pluth E (2012), S. 43

stand, der durch die Wahrheit der aktuellen Situation infrage gestellt wird.[46]

Eine Wahrheitsprozedur – ein Begriff, der auf Alain Badiou[47] zurück geht – vollzieht sich, wenn eine (situative) Wahrheit entsteht, die sich außerhalb bestehender Wissensordnungen artikuliert und diese zugleich überschreitet. Sie verweist auf Lücken gefestigter Ordnungen und Gewissheiten und lässt mithilfe dieser manifesten Wahrheit zukünftige Entwicklungen aufscheinen.[48] Wahrheitsprozeduren bringen Vorläufiges und Unerwartetes hervor. Badiou beobachtet Wahrheitsprozeduren in den Feldern Politik, Kunst und der Liebe. Dort bestehen seines Erachtens günstige Milieus zur Hervorbringung aktueller Wahrheiten.

> »Es ist ein Charakteristikum der Künste, dass das [die Situation[49]] übersteigende nicht direkt behauptet oder angesprochen wird, sondern intensiv als Sprache, als Ton, als Bild zum Ausdruck kommt.«[50]

Der eingangs erwähnte binäre Wissensbegriff wird den Inhalten, die in der Kunsttherapie bearbeitet werden, nicht gerecht. Ein kunstbezogener Wissensbegriff hingegen würdigt potenziell mögliche, die aktuelle Situation überschreitende Einsichten, wie sie in der Kunsttherapie aus der ästhetischen Wahrnehmung und dem künstlerischen Tun hervorgebracht werden können.

Handlungsorientierung in der Kunsttherapie

Anna Magdalena Schaupp[51] analysiert in ihrem Buch »Warum wir wissen, was wir tun« Handlungen. Sie fragt nach Wissen, das uns zu Handlungen

46 vgl. ebenda, S. 26
47 Badiou A (2011)
48 Hartle JE (2021)
49 Ergänzung von Hopf A (2024)
50 Bolt B (2016)
51 Schaupp AM (2018)

ermächtigt. Dabei bezieht sie sich auf Aristoteles, der aufzeigte, welche Prinzipien in Handlungen zur Wirkung kommen. Alltägliche Handlungen werden meist anhand ihres Abschlusses und Erfolges bewertet und entsprechend formuliert: Ich habe den Tisch abgewischt. Ich bin spazieren gegangen. Er hat seine Kinder von der Schule abgeholt. Der implizite Fokus dieser Formulierungen liegt auf Fragen: Was wurde getan? Wurde es erfolgreich abgeschlossen?

Kaum jemand zweifelt am Gelingen solch gewohnter Handlungen. Doch Handlungen beruhen nicht allein auf Kausalitäten, Absichten und Zielen. »Beabsichtigen, Wünschen und Wollen als geistige Akte zu begreifen, die das Handeln umgeben, verfehlt – so zeichnet sich ab – den Handlungsvollzug, wie er sich vom Handelnden her darstellt.«[52]

Akteur*innen vollziehen Handlungen als Ausdruck ihrer Lebensführung und Lebendigkeit immer auch in ihren individuellen Lebenskontexten.[53] Erst ein Eingelassen-Sein in die subjektive Lebenswelt und ein Wissen um die damit verknüpften Bedingungen machen Handeln bedeutungsvoll, sinnhaft und nachvollziehbar. Zugleich verändern vollzogene Handlungen individuelle Lebenskontexte.[54]

Handeln und Lebenskontext stehen also immer in einer Wechselwirkung. Handeln kann nur in der Tiefe erschlossen werden, wenn der subjektive Lebenskontext mit Erfahrungen, Eindrücken und anderen, das Handeln begleitenden Erfahrungen miteinbezogen wird.[55]

Anhand eines Beispiels wird dies anschaulich:[56]

Stellen wir uns vor, eine Frau möchte eine Vase auf die Fensterbank stellen. Sie setzt diese Absicht um. Danach sagt sie: »Ich habe die Vase auf die Fensterbank gestellt!« Ihre Absicht zielt darauf ab, die Vase auf die Fensterbank gestellt zu haben. Insofern hat sie dabei das Ergebnis und den Abschluss ihrer Handlung im Sinn, nicht aber ihr Tun selbst. Sie beschreibt ihre Handlung also vom Ende her, das nur einen geringen Teil des gesamten Handlungsprozesses ausmacht. Der Handlungsverlauf, wenn

52 ebenda, S. 87
53 Aristoteles (2008), zitiert nach Schaupp AM (2018), S. 54
54 ebenda, S. 54
55 ebenda, S. 50
56 ebenda, S. 185

die Frau die Vase vom Tisch nimmt, sie in den Händen balanciert, ein Stück trägt und dann auf der Fensterbank platziert, spielt dabei keine Rolle. Im Alltag neigen wir dazu, Handlungen aus der Perspektive ihres Endes zu betrachten, das heißt anhand der Erreichung ihres jeweiligen Handlungsziels. Die Handlung selbst – also der genaue Ablauf und die erforderlichen Fähigkeiten – wird dabei nicht näher spezifiziert.

Die Handlung beruht auf zahlreichen individuellen, erlebnis- und körperbezogenen Aspekten und Kompetenzen der Akteur*innen. Während wir eine Handlung ausführen, erleben wir sie unmittelbar und nehmen sie nicht aus der Distanz heraus wahr. Eine Beobachtung setzt immer eine gewisse Distanz voraus, die während des eigenen Handelns nicht gegeben ist. Für dieses Phänomen prägte Anscombe[57] den Begriff des »Wissens ohne Beobachtung«.

Während der Ausführung sind Handelnde, Handlung und Handlungskontext nicht voneinander zu trennen. Handelnde wissen meist, was und wie etwas zu tun ist, und tun dies in einem spezifischen Kontext. Insofern kann die Handlung nur von den Handelnden selbst erlebt, wahrgenommen und beschrieben werden.

In der Kunsttherapie treten diese Perspektiven besonders hervor, da Handlungen als lebendige, dynamische Prozesse erfahren werden, die weit über eine äußere Beobachtbarkeit und bloße Zielverwirklichung hinausgehen und das kreative Tun selbst in den Mittelpunkt stellen.

Eine kunsttherapeutische Intervention mit Alltagsgegenständen

In der Kunsttherapie sind unterschiedlichste Erfahrungen möglich – getragen von medialer und materieller Vielfalt und im Bewusstsein, dass sowohl Künstlerisches als auch Unkünstlerisches und Alltägliches dazu-

57 Anscombe GEM (2000)

gehören kann. Dafür ist eine künstlerisch geschulte Perspektive hilfreich, gepaart mit einer wachen, empathischen Haltung.[58] Damit lässt sich in der kunsttherapeutischen Begleitung wahrnehmen und nachvollziehen, welche künstlerischen Wege beschritten werden und wo neue Erfahrungen den bisherigen Rahmen des Gewohnten überschreiten – und wie daraus hilfreiche Einsichten für das eigene Leben entstehen können.

> »Der Sinn des Künstlerischen nach Šklovskijs besteht darin, Wahrnehmungen zu ermöglichen, die die Dinge und damit auch die Wirklichkeit neu und anders erscheinen lassen. Die Veränderung der Wahrnehmung der Dinge macht eine erweiterte Sicht des Alltäglichen jenseits der habituell funktionalen Bestimmung möglich und entzieht die Dinge dem einfachen Aneignungs- und Bewältigungsprinzip […]. Sein Kunstbegriff hingegen richtet sich auf das Unerwartete und findet sich vor allem in dem Prinzip der Verfremdung erfüllt, denn mittels dieses Kunstgriffs wird aus Gewohntem Ungewöhnliches. Ein Gegenstand wird aus seinem gewohnten Wahrnehmungsfeld in einen neuen Wahrnehmungsbereich versetzt.«[59]

Die an der kunsttherapeutischen Begegnung mit ihren medialen, materiellen und situativen Einflüssen beteiligten Akteur*innen treten miteinander in eine Resonanzbeziehung. Aspekte von Prozess, Kontext und Umwelt sprechen an und evozieren implizite und explizite Wahrnehmungen und Einsichten. Die Offenheit für diese Aspekte seitens der Kunsttherapeut*innen sensibilisiert auch Patient*innen für diese Einflüsse im kunsttherapeutischen Verlauf.

Der Begriff der Resonanz kommt aus dem Lateinischen und bedeutet Widerhall (lat.: resonare: widerhallen). Es geht um ein Mitschwingen, darum, mit etwas in Resonanz zu treten, also auf etwas zu reagieren, das anzieht und interessiert. Hartmut Rosa, Soziologe, hat sich mit dem Phänomen Resonanz beschäftigt. Er beschreibt sie als eine Antwortbeziehung, die von einem »Angerufen-Werden«[60] ausgeht. Er veranschaulicht dies, indem er das Gegenüber (Person, Situation, Gegenstand) als zu der jeweiligen Person *sprechend* beschreibt.[61] Der Resonanzbegriff eignet sich zur Beschreibung von Beziehungsqualitäten und birgt »[…] ein

58 vgl. Morris R (1970), S. 91
59 Bube A (2017), S. 36–37
60 Rosa H (2016), S. 54
61 ebenda, S. 56

enormes Anregungspotential für die Untersuchung von Weltverhältnissen in nahezu allen Feldern des menschlichen Lebens.«[62]

Dazu ein Beispiel aus der Praxis:

Abb. 2.1: Alltagsgegenstände als Komposition (Foto: Alexandra Hopf, 2018)

In Abb. 2.1 ist eine Zusammenstellung von farbigen Eimern zu sehen, Objekte einer Alltagssituation. Diese Situation ist mir während des Aufenthalts an einer Hochschule aufgefallen. Durch Reihung und Farbigkeit der Objekte bekommt die Anordnung den Charakter einer Komposition, in der Flächen, Farben und Formen in ein bestimmtes Verhältnis zueinander gebracht wurden. Durch den Ausschnitt der Fotografie wird dieser Charakter betont. Die Eimer sind aufgereiht, womöglich um Wasser von der Decke aufzufangen. Auch die Farben treten dadurch in Beziehung. Es scheint diese Zusammenstellung das Relikt einer vergangenen Situation zu sein, da die Eimer leer sind. Das verleiht der Anordnung etwas Unwirkliches. Der (vermutliche) Umgang mit einer undichten Decke erhält dadurch eine neue ästhetische und humorvolle Note. Wie lässt sich diese Situation auf die Kunsttherapie übertragen?

Auch in der Kunsttherapie können Alltagsgegenstände und -situationen einbezogen werden, wenn diese über die sinnliche Wahrnehmung

62 Rosa H (2016), S. 281

hinaus als eigenständige Gestaltungen erkundet werden. Alltagsgegenstände können für die kunsttherapeutische Anwendung ausgewählt und miteinander in Beziehung gesetzt werden. Die bisherige alltagsbezogene Perspektive des jeweiligen Gegenstands kann das Spielerische der neuen Sichtweise noch steigern. Gegenstände erscheinen dann mit einem Mal fremdartig und werden gerade deshalb deutlicher in ihren ästhetischen Qualitäten wahrgenommen. Auf diese Weise verlebendigt und aktualisiert das Spiel mit dem Fremden am Bekannten und Alltäglichen den ästhetischen Bezug in der Kunsttherapie.

Helmut Plessner, ein Vertreter der philosophischen Anthropologie, schreibt über das Wahrnehmen und Verstehen: »Man muss mit der Zone der Vertrautheit fremd geworden sein, um wieder sehen zu können. […] Wir nehmen nur das Unvertraute wirklich wahr. Um schauen zu können, ist Distanz nötig. […] Die Kunst des entfremdeten Blicks erfüllt darum eine unerlässliche Voraussetzung allen echten Verstehens.«[63]

Im Folgenden wird der kunsttherapeutische Umgang mit Alltagsgegenständen am Beispiel einer Seminarsituation an der Hochschule für Bildende Künste Dresden im Aufbaustudiengang KunstTherapie vorgestellt. Das Seminar lautete »Kunsttherapeutische Interventionen mit Alltagsgegenständen«.

Schritt 1

Bevor Studierende mit der Interventionsübung begannen, formulierten sie jeweils ein individuelles Anliegen oder eine persönliche Fragestellung, die sie in Bezug auf die Studiengruppe beschäftigte und mit der sie sich auseinandersetzen wollten. Dabei handelte es sich nicht etwa um ein spekulatives oder fiktives, sondern um ein reales Anliegen, da erst der unmittelbare persönliche Bezug das Vorgehen insgesamt relevant und wirksam macht. Die Identifikation mit einem Anliegen oder einer Fragestellung ist generell die Grundvoraussetzung für einen gelungenen kunsttherapeutischen Begleitprozess.[64] Diese Fragestellung wurde für

63 Plessner H (1982), S. 169–170
64 Hopf A (2021), S. 205

Abb. 2.2: Sammlung von Alltagsgegenständen (Foto: Alexandra Hopf, 2020)

diese Umsetzung verschriftlicht und anschließend »professionell vergessen«, um eine möglichst unbeeinflusste, offene Haltung für die künstlerisch-ästhetische Exploration zu ermöglichen.

Schritt 2

Das kunsttherapeutische Ausgangsmaterial bestand aus einfarbigen Alltagsgegenständen, beispielsweise einfachen Plastikeimern, wie sie zu Beginn dieses Kapitels auf der Fotografie zu sehen sind, aber auch aus Schüsseln, farbigen Stoffen und anderen alltäglichen Gegenständen oder Materialien, die Studierende gesammelt und mitgebracht hatten. Auswahlkriterien für die Gegenstände waren ihre monochrome Farbigkeit und ein Durchmesser von max. 80 cm, um eine leichte Handhabbarkeit der Gegenstände zu ermöglichen. Studierende wählten einige Gegenstände aus ihrem Alltag aus, von denen sie sich spontan angesprochen fühlten.

Im Unterrichtsraum wählte jede*r aus der Menge aller mitgebrachten Gegenstände einen aus, der ihn*sie individuell am meisten ansprach und interessierte. Dies war der Gegenstand, der im Anschluss exploriert wurde. Diese Exploration sollte mit allen Sinnen geschehen: Tasten (z.B.: rau, glatt, warm, kalt, kantig, rund usw.); Riechen und Schmecken (z.B.: metallisch, süß, bitter); Sehen (z.B.: kaltes Blau, warmes Rot, warmes Grau) und Hören (z.B.: klimpernd, summend, knisternd, raschelnd).

Einige der folgenden Fragestellungen halfen bei der Erkundung der Gegenstände: Welcher Klang kann mit diesem Gegenstand erzeugt werden? Welches Gewicht hat der Gegenstand? Wie bewegt sich der Gegenstand selbst? Wie kann er bewegt werden? Welche Farbe hat er? Welche dieser sinnlich-ästhetischen Eigenschaften sind am interessantesten? Was lässt sich am Gegenstand wahrnehmen, das nichts mit seiner Funktion zu tun hat? Was ist daran neu?

Die wahrgenommenen Qualitäten wurden verschriftlicht, gesammelt und die interessantesten Qualitäten ausgewählt und farbig markiert.

Schritt 3

In diesem Schritt wurde dem Objekt eine Stimme verliehen. Was würde es über sich selbst sagen? Welche der Eigenschaften aus Schritt 2 würde das Objekt selbst wählen und sich zuschreiben?

Es ging um einen primär spielerischen Umgang mit dieser Personifizierung! Die Aussagen wurden erneut verschriftlicht und die interessantesten ausgewählt und farbig markiert.

Schritt 4

Dann entstand weiteres künstlerisches Resonanzmaterial für die Intervention. Dafür wurden von den Studierenden Farben gemischt und auf ausgewählten, unterschiedlich großen Papierflächen aufgebracht. Die Qualitäten der gemischten Farben und das ausgewählte Format sollten sich auf den jeweiligen Gegenstand beziehen. Diese konnten die Qualitäten des Gegenstandes verstärken und ergänzen, aber auch kontrastieren. Es ging keineswegs um eine gedankliche Reflexion der Farb- und Formatwahl, sondern um deren ästhetisches Zusammenspiel mit dem Gegenstand.

Für die Erkundung der Farbe und des Formats wurden folgende Frage formuliert: Welche Qualitäten haben die gemischte Farbe und das ausgewählte Format unabhängig vom Gegenstand?

Abb. 2.3: Gegenstände und Farbumgebungen (Foto: Alexandra Hopf, 2020)

Schritt 5

Anschließend positionierten die Studierenden ihren Gegenstand auf dem Blatt. Nachdem sie die passende Position gewählt hatten, erkundeten sie diese Position wie zuvor ihren Gegenstand. Die Position, auf der sich der Gegenstand befand, musste nicht begründet werden. Es war eher die

Frage, wie sich diese auf die Eigenschaften des Gegenstandes auswirkte. Hatte sich etwas verändert?

Folgende Fragen leiteten die Erkundung der Gestaltung: Welche Qualität hat die Beziehung zwischen Gegenstand, Farbe und Größe des Formats? Wie verändert sich der Gegenstand, wenn er auf der Farbfläche liegt? Wie haben sich die Qualitäten des Gegenstandes durch die Positionierung auf dem farbigen Papier gewandelt? Was ist an dieser Veränderung besonders interessant?

Schritt 6

In diesem Schritt kam es durch die eine erneute Personifizierung des Gegenstandes zu einem Perspektivenwechsel: Wenn dieser eine Stimme hätte, was würde er auf dieser Position und in dieser Farbumgebung über sich selbst aussagen? Welche Eigenschaften schreibt der Gegenstand sich selbst zu? Was hat sich in Bezug auf die Ausgangssituation und die erste Erkundung des Gegenstandes geändert? Was würde wiederum die Position über ihre Eigenschaften aussagen?

Schritt 7

Im folgenden Schritt wurden die Studierenden eingeladen, ihre Gegenstände mit den jeweiligen Farbblättern zueinander in Beziehung zu setzen. Die Blätter und Gegenstände wurden auf dem Boden ausgelegt. Eine Regel lautete, dass mindestens eine Seite des jeweiligen Blattes eine andere Papierkante berühren sollte.

Auch andere, damit verbundene sinnlich-ästhetische Wahrnehmungen wurden erkundet, wie beispielsweise der Klang, der mit diesen Gegenständen erzeugt werden kann; die Bewegung, um diese Gegenstände im Feld zu positionieren; wie die Gegenstände selbst sich bewegen oder sich bewegen ließen und wie die Farbflächen im Zusammenspiel wirkten.

Schritt 8

Das Arrangieren, Komponieren und Personifizieren rief unterschiedliche Erfahrungen bei den Studierenden hervor. Positionen wurden ausgewählt, erkundet, verändert und Objekte und Flächen wurden repositioniert. Durch dieses Vorgehen entstanden viele neue Konstellationen, in denen sich veränderte Selbst- und Gruppenbezüge herstellten, die handelnd reflektiert wurden und sich schließlich in einer finalen Komposition manifestierten. Dieser Prozess nahm einige Zeit in Anspruch.

Abb. 2.4: Gruppenlegung (Foto: Alexandra Hopf, 2020)

Schritt 9

Die Gesamtkomposition war abgeschlossen, nachdem alle Beteiligten die passende Position für ihr Blatt und ihren Gegenstand in der Gruppenkonstellation gefunden hatten. Sie formte sich aus dem gesamten Resonanzmaterial, also den Alltagsgegenständen, den farbigen Flächen, jeweiligen Wahrnehmungen und Handlungserfahrungen. Die Erfahrungen der Studierenden wurden in der Abschlussreflexion auf das anfangs formulierte Anliegen bezogen.

Herausfordernd an diesem Vorgehen war die Fülle und Komplexität der Materialien und ihrer Bezüge. Es erforderte wiederholt Verdichtungen und Zuspitzungen durch den Nachvollzug und die Priorisierung eigener Erfahrungen für eine ergiebige Abschlussreflexion. Die Studierenden entschieden, was aus ihren Wahrnehmungen und Gestaltungen am interessantesten erschien und am deutlichsten auf sie zurückwirkte.

Diese Intervention, hier mit Studierenden durchgeführt, kann sowohl in Gruppen, als auch in Einzelsettings von Kunsttherapeut*innen angewendet werden. Im Zentrum steht dabei der potenzielle Perspektivwechsel auf Bekanntes und Alltägliches, indem vertraute Gegenstände aus dem Alltag in einen neuen Bedeutungszusammenhang gestellt werden. Fruchtbar wird dieser Perspektivwechsel im Transfer auf das zuvor formulierte Anliegen.

Im folgenden Kapitel wird der dargestellte kunsttherapeutische Umgang mit Alltagsobjekten, aber auch mit Bewegung, Raum und Farbe in einen erweiterten Kontext fachwissenschaftlicher Perspektiven eingebettet.

Erweiterte Perspektiven auf Alltagsgegenstände, Bewegung, Raum und Farbe

Die in der ersten Vorlesung eingeführten Begriffe der Performativität und der Intermedialität werden in diesem Kapitel erneut aufgegriffen.[65] Diese beiden Begriffe erlauben es, künstlerisches Handeln – im Kunstkontext und in der Kunsttherapie – als ein performatives ereignishaftes Geschehen

65 siehe 1. Vorlesung: »Zusammenfassung«

zu begreifen. Dabei steht nicht allein das Werk als sichtbares Endresultat im Vordergrund, sondern das Sich-Vollziehen und die sich dabei herstellenden Bezüge zwischen Personen, Materialien und Räumen werden in den Blick genommen.

Alltagsgegenstände, Bewegungen, räumliche Konstellationen und Farbgestaltungen entfalten ihr Potenzial als Träger und Vermittler von wahrnehmungs- und erfahrungsbezogenen Prozessen. In ihrer bezogenen Ereignishaftigkeit sind sie stets zeitgebunden, situativ und zugleich von Kontingenz geprägt. Gerade diese Offenheit und Unbestimmtheit macht sie für kunsttherapeutische Praktiken fruchtbar, da sie auf vielfältige, nicht vorab festgelegte Weise Übergänge schaffen, Erfahrungen hervorrufen und Sinnhaftigkeit anlegen.

»Was ein Lebewesen wahrnimmt, ist immer abhängig von seiner Bewegung und umgekehrt. Das gilt für die Bewegungen mit der Hand, die ein Objekt ertastet, ebenso wie ein Abtasten von Gegenständen mit dem beweglichen Blick: Im Sehen ist die tatsächliche und mögliche Eigenbewegung des Körpers immer mitberücksichtigt. Wir nehmen wahr, das heißt, wir sehen hin, hören zu, tasten ab. Wahrnehmen ist daher kein bloßer Innenzustand des Gehirns, sondern eine fortlaufende körperliche Interaktion mit der Umwelt.«[66]

Alltagsgegenstände

Ein kunsttherapeutischer Prozess, wie er sich beispielsweise bei der Durchführung der Intervention mit Alltagsgegenständen vollzieht, ist gegenwärtig und unwiederholbar. Die Erkundung der Gegenstände und ihrer Interaktionen, die darauf bezogene Reflexion mit sich ergebenden Einsichten (der Studierenden; in der kunsttherapeutischen Begleitung die der Patient*innen) – all dies beruht auf Wahrnehmung, Erfahrung und Beschreibung der performativ hervorgebrachten Wirklichkeit.

Ein solcher therapeutischer Erfahrungs- und Erkundungsraum kann auch im Alltagskontext und/oder mit Alltagsgegenständen eröffnet wer-

66 Fuchs T (2022), S. 194

den. Agnes Bube, Kunst- und Bildungswissenschaftlerin, untersuchte das Erkenntnis- und Wirkungspotential von Alltagsgegenständen:

»Das Erleben der Abweichung vom Gewohnten am Gewohnten ist auch deshalb intensiv und nachdrücklich – da es dem alltäglichen Lebensvollzug nah und fern zugleich ist.«[67]

Für die kunsttherapeutische Praxis kann übernommen werden, dass Einsichten nicht an die Verwendung spezifisch künstlerischer Materialien gebunden sind. Vielmehr entstehen sie – wie bereits durch die Intervention und ihre Umsetzung gezeigt – aus dem besonderen Umgang mit Alltäglichkeit, Dinglichkeit, Situation und Perspektive.

Das von Agnes Bube beschriebene Erleben kann in der Kunsttherapie stattfinden, sofern berücksichtigt wird, dass die von Alltagsgegenständen ausgehenden Anregungen in den therapeutischen Kontext zurückgeführt und nach Abschluss des Explorierens mit persönlichen Fragestellungen verknüpft werden.

Dieser veränderte Blick auf die Alltagswirklichkeit und -dinglichkeit bereichert und erweitert die Kunsttherapie. Alltagsgegenstände und -materialien werden nicht ausschließlich in ihrer Funktionalität wahrgenommen, sondern in ihren sinnlich-ästhetischen Qualitäten erkundet. Dieses Vorgehen fordert heraus und eröffnet zugleich eine fremdartige Dimension des Alltäglichen.

»Die am konkreten Objekt vermittelte Abweichung vom Gewohnten am Gewohnten wäre entsprechend eine vergegenwärtigte Wirklichkeitserfahrung, die uns höchste Einsicht in unsere Welt und mit unserer Welt durch Selbsterfahrung ermöglicht.«[68]

Zur zeitgebundenen, performativen Qualität der Intervention und der Fremdheit des Alltäglichen am Alltäglichen kommen die Aspekte des Intermedialen hinzu, wenn an Haptik, Klang, Form, Erscheinen, Plastizität und Körperbezug der Alltagsdinge hinzugenommen werden. Anreichern, Verknüpfen und Auswählen als praktische Vollzüge des Unterscheidens aus allen möglichen Materialien führt zur Differenzierung und Positionierung des eigenen Bezugs. Der Prozess wird zur persönlichen

67 Bube A (2017), S. 46
68 Bube A (2017), S. 44

Schwellenerfahrung um einschränkende Handlungs- und Wahrnehmungsmuster zu überwinden.

Bewegung und Raum

Wenn wir uns gezielt räumlich verorten, geht dem immer auch eine körperliche Bewegung voraus, die in diese reflektierte Bezugnahme mündet. Räume können Orte des Schutzes und des Aufgehoben-Seins sein. Sie werden von Einzelnen und Gemeinschaften gebaut. In Innenräumen sind wir geschützt vor Einwirkungen des Außens. Aber auch Außenräume sind gestaltet und denken die menschlichen Bezugnahmen und Aufenthalte mit. Menschen halten sich für bestimmte Zeiten an Orten in Räumen unterschiedlicher Ausmaße, Bedingungen und Funktionen auf. Sloterdijk nennt das ein »In-Sphären-Sein«[69] des Menschen in der Welt. Gleichzeitig sind Räume in ihrer sozialen Einbettung fortwährend Aushandlung und Veränderung ausgesetzt und somit grundsätzlich fragil. Wenn Menschen Räume verlassen wollen – Innenräume wie Außenräume, in denen sie sich bisher aufgehalten haben – überschreiten sie Schwellen. Diese Schwellen markieren also Veränderungsbewegungen, die mit neuen Erfahrungen einher gehen.[70]

> »Räume [sind][71] als von sozialen Handlungen gestaltetes gesellschaftliches Ordnungsgefüge zu verstehen, das durch soziale Austauschprozesse hergestellt und zugleich mitbestimmt wird. Wie Akteure den Raum nutzen, sich darin bewegen, über was dort gesprochen, verhandelt und entschieden wird, ist immer abhängig und beeinflusst vom Kontext und seiner Geschichte. Performative Interventionen, die den Raum und seine Nutzungsweise fokussieren, können somit die Wahrnehmung für den Gesamtkontext sensibilisieren und durch die künstlerische Auseinandersetzung mit den sozial-räumlichen Gegebenheiten eine Veränderung der darin eingelassenen gewohnten Handlungs- und Beziehungsmuster bewirken.«[72]

69 Sloterdijk P (2020)
70 Sloterdijk P (2020), S. 46–48
71 Anmerkung Verfasserin
72 Renz M (2015), S. 95

Mariel Renz, Professorin für Performing Arts und Soziale Veränderungsprozesse, erforscht den Raum und wie darin stattfindende Bewegung wahrgenommen wird. Veränderungen werden durch Bewegungen und Verortungen im Raum angestoßen.

Rahel Schüler, Absolventin des Aufbaustudiengangs KunstTherapie und Kunsttherapeutin untersuchte in ihrer Diplomarbeit das Thema »Verortung« in der Kunsttherapie. Sie führte eine Intervention durch, während der sich Patient*innen in einer gezeichneten Landschaft verorteten. Die Aufforderung sich zu verorten, sieht Schüler als »eine niedrigschwellige Ausdrucksmöglichkeit ihrer [der Patientin][73] aktuellen Wahrnehmung«.[74] »Das Ziel ist es Patient*innen dazu anzuregen, sich möglichst spontan auf die Landschaft zu beziehen. Durch die Spontaneität liegen Wahrnehmung und Handlungsvollzug nah beieinander. Dieser Interventionsschritt enthält zwei Aspekte, Position und Potenzial: Patient*innen werden dazu angeregt, sich zu fragen: Wo stelle ich mich hin? Das beinhaltet eine Entscheidung. Oder sie werden eingeladen zu überlegen: Wo könnte ich stehen?[75]

Auch wenn in der vorangehenden Gruppenintervention keine Verortung in einer gezeichneten Landschaft stattfand, sondern auf einem farbigen Papierbogen in einem räumlichen Feld mit Mitstudierenden, so gehen diese doch, wie auch Schülers Intervention, mit dem Moment der Positionierung um. Die räumliche Bezugnahme bestimmt den eigenen Standort im Raum und darüber auch das Verhältnis dazu, eine subjektive Erfahrung.

Der Alltagsgegenstand wurde auf einer Farbfläche verortet, womit eine performative Handlung vollzogen wurde. Die individuellen Verortungen der Alltagsgegenstände formierten ein Verhältnis zueinander, zu ihren Farbigkeiten und zum umgebenden Raum. Als danach Farbblätter und dazugehörende Gegenstände in der Gruppe positioniert wurden, konnten aus dieser Interaktion erneut unter veränderten Bedingungen jeweils neue Perspektiven erkundet werden.

---

73 Anmerkung Verfasserin
74 Schüler R (2023) S. 44
75 ebenda

Studierende beschrieben in der Abschlussreflexion, wie komplex und herausfordernd es gewesen sei, in der Gruppenlegung die passende Position für den eigenen Gegenstand zu finden. Die vielfältigen Einflüsse durch Positionen anderer und deren Veränderungen stellten die eigene Stimmigkeitswahrnehmung mehrfach infrage und erforderten Neupositionierungen.

Diese Bezugnahmen mit eingeschriebenen Wahrnehmungen und Erfahrungen können mithilfe phänomenologischer Beschreibungen erkundet werden. Sie führen zu Einsichten, die darauf warten in den Alltag überführt und dort überprüft zu werden.

Die Gruppenintervention bezog neben den Aspekten des Alltagsgegenständlichen, des Performativen und Intermedialen auch Farbe als Medium oder Material ein. Material ist Farbe insofern, als sie bestimmte substanzielle materielle Eigenschaften besitzt; Medium ist sie, weil sie aufgrund spezifischer Eigenschaften etwas vermittelt, das über ihre materiellen Eigenschaften hinausweist. Farbe kann dazu dienen einen reflektierten Selbstbezug in der Kunsttherapie herzustellen.

Farbe

> »Eine ästhetische Erfahrung, die wir an einer Farbe machen können, hat immer mit dem Hier und Jetzt einer dialogischen Situation zu tun, die sich zwischen dem Betrachter und dem Gegenstand seiner Wahrnehmung, der Farbe einstellt. Damit gelangen die kontextuellen und situativen Bedingungen in den Blick, unter denen ein Medium ästhetisch wahrgenommen werden kann. Die Farbe zeigt sich als ästhetische Geste, zu der wir Beziehung aufnehmen.«[76]

Peter Sinapius beschreibt, dass sich Wirkungen von Farben nur im Kontext ihrer Einbettung erschließen lassen. Wenn Eigenschaften der Farben, ihre Klänge oder Temperaturen beschrieben werden, zeigen sich individuell unterschiedliche Wahrnehmungen und Erfahrungen. Insofern empfiehlt es sich, sich Farberfahrungen der Patient*innen vorurteilslos anzunähern. Im kunsttherapeutischen Gespräch können außerdem noch weitere Aspekte einer Intervention aufgespürt werden, die die Farbwahrnehmung beeinflussen.

76 Sinapius P (2010b), S. 119

Josef Albers, Künstler, Lehrer sowohl am Bauhaus als auch am Black Mountain College in den USA, hat sich zeitlebens intensiv mit der Farbwelt und ihren Wirkungen befasst:

> »Ich habe sehr viel gemalt [...]. Und ich bin besonders stolz, dass die Farben ihre Identität verlieren, unerkennbar werden. Grüns werden zu Blau, neutrale Graus erscheinen Rot, Violett usw. Dunkle Farben erscheinen hell und umgekehrt. Und dabei gebrauche ich die Farben nur so wie sie aus der Tube kommen. Mische nur Rosa und Lila, die in Tuben nicht existieren. Und die sind die einzigen Farben, in denen ich Weiss gebrauche. Es ist eine sehr beschränkte und sicher sehr einseitige Arbeitsmethode. Aber wahnsinnig aufregend.«[77]

Albers verweist in seinen Schriften und seinem künstlerischen Werk darauf, dass Farben ihre Eigenschaften in Abhängigkeit von der Komposition mit anderen Farben verändern. Selbst wenn sie jeweils als Einzelfarben bestimmte Merkmale aufweisen, können sie diese in bestimmten Zusammenhängen verlieren oder sie werden auch verstärkt – sie werden in Abhängigkeit von ihrer Einbettung modifiziert.

Wenn unterschiedliche Materialien, Medien und Gegenstände mit ihren jeweiligen Eigenschaften im Kontext von Farbe, Raum und Bewegung zusammenwirken, so halten sie gemeinsam situations-, zeit- und personengebunden spezifische Erfahrungen für Patient*innen bereit. Jede innere wie äußere Bewegung beteiligter Akteur*innen, jeder Farbklang in einer Farbumgebung verändert Bezüge und Erfahrungen, die mit Materialien und Medien möglich sind.

Zusammenfassung der 2. Vorlesung

Um einen *Entwicklungsprozess in der Kunsttherapie* anzuregen, muss Gewohntes und Bekanntes in Frage gestellt werden dürfen. Das Konzept der »Wahrheitsprozedur« von Alain Badiou kann entsprechend auf die kunsttherapeutische Praxis angewendet werden. In jeder künstlerischen

77 Clay J (1968), S. 68

Tätigkeit ist zugleich ein In-Frage-Stellen des Bisherigen angelegt. Dementsprechend richtet sich auch in der Kunsttherapie die Aufmerksamkeit auf Unerwartetes aus und öffnet sich so dem Kontingenten des künstlerisch-therapeutischen Prozesses.

Die *künstlerischen Handlungen* der Patient*innen, flankiert von Wahrnehmungen und Erfahrungen, sind primär in ihrer subjektiven Perspektive für die Kunsttherapie relevant. Patient*innen verfügen über handlungsbezogenes Wissen, sie wissen also (meist unausgesprochen), was sie getan haben und wie sie es getan haben. Wenn diese implizite Perspektive als Quelle von Wissen freigelegt und gewürdigt wird, bildet sie die Grundlage der kunsttherapeutischen Reflexion. Eine vorurteilslose phänomenologische Beschreibung der künstlerischen Handlungen lässt Unerwartetes zu und nutzt es.

Alltagsgegenstände, Raum, Bewegung und Farbe stehen als intermediale Instanzen im Feld der Kunsttherapie zur Verfügung und dienen zugleich als widerständiges Resonanzmaterial für therapeutische Bezugnahmen. Gestaltungsprozesse und die damit einhergehenden Erfahrungen weisen lebendige und herausfordernde Merkmale auf. Jede Handlung, sei es eine gestaltende Bewegung, eine Geste oder die Wahl eines Materials, stellt eine Veränderung der vorhergehenden Ausgangsposition im therapeutischen Prozess dar. Dies verändert auch den subjektiven Weltbezug. So stellt auch jede Farbe in ihrer jeweiligen farblichen Einbettung ein spezifisches Wahrnehmungs- und Erfahrungspotential bereit, dass nur aus dem situativen Kontext heraus individuell bedeutsam und intersubjektiv verständlich wird.

Unter Bezugnahme auf *unterschiedliche künstlerische Medien* und Materialien, die in der Kunsttherapie zur Verfügung stehen können, lassen sich Wahrnehmungsräume der Patient*innen erweitern. Wenn wir von der grundsätzlichen Ergebnisoffenheit künstlerischer Prozesse ausgehen, können wir dies in der kunsttherapeutischen Anwendung geltend machen. In diesem Zusammenhang wird der philosophische Begriff der »Wahrheitsprozedur« nach Badiou herangezogen, um das bisherige Verständnis der Kunsttherapie mit ihrem Potenzial zur Erneuerung in Beziehung zu setzen. Diese Sichtweise wird auch durch erweiterte Formen des medialen Umgangs in der Kunsttherapie relevant. Dabei kann jede der

Wahrnehmungen und Handlungen der Patient*innen bedeutsam werden.

3. Vorlesung
Material und Körper in der phänomenologischen Kunsttherapie

Sowohl die Rolle des eingesetzten Materials als auch die Rolle des Körpers im kunsttherapeutischen Prozess wird im Folgenden untersucht und theoretisch eingebettet.

In der Kunsttherapie werden unterschiedliche künstlerische Materialien zur Verfügung gestellt, mit denen Patient*innen in eine aktive Auseinandersetzung treten. Ihre Reaktionen darauf erfolgen in Abhängigkeit von den Impulsen, die das jeweilige Material in ihnen hervorruft. In einem solchen explorativen Prozess nehmen sowohl der individuelle Körper als auch das eingesetzte Material eine vermittelnde Rolle ein. Im medialen Dazwischen entstehen Wahrnehmungen und Erfahrungen, die sich überlagern und in ihrer Vielschichtigkeit entfalten. Dieser Verlauf vermittelt sich den Betrachter*innen über die Rezeption der finalen Werke oder Prozesse und der in sie eingeschriebenen Gestaltungshandlungen.

Eine vergleichbare Beobachtung machten auch Studierende des Aufbaustudiengangs KunstTherapie im Rahmen der Vorbereitung ihrer Abschlussausstellung zum Thema der »Be-/-Rührung«.

Mit Material fragen: »Be-/-Rührung«

Momente der Rührung aus der kunsttherapeutischen Praxis mit Patient*innen bildeten den Ausgangspunkt der künstlerischen Arbeiten der Absolvent*innen, die im Sommersemester 2022 in der Abschlussausstellung »Be-/-Rührung« gezeigt wurden. Dokumentierte oder erinnerte Erfahrungen des Berührt-Seins wurden unter Verwendung ausgewählter Materialien künstlerisch untersucht und reflektiert. Das Ausstellungskonzept wurde von den Studierenden gemeinschaftlich entwickelt. Die dabei erprobten künstlerischen Vorgehensweisen lassen sich auch als materialbezogene Interventionen der kunsttherapeutischen Praxis nutzen.

Einbettung und vorausgehende Gedanken

Zum Abschluss des Studiums hatten die Studierenden vielfältige Erfahrungen in unterschiedlichen Bereichen der Kunsttherapie gesammelt. Dabei kam es zu Begegnungen mit Patient*innen, die Einblicke in die Dynamiken kunsttherapeutischer Beziehungen ermöglichten.

In diesem Zusammenhang waren Rührungsmomente bedeutungsvolle Phänomene des therapeutischen Prozesses. Sie tragen im Allgemeinen zur Vertiefung des therapeutischen Prozesses bei, entstehen wechselseitig und verleihen der kunsttherapeutischen Begegnung Lebendigkeit. Durch die künstlerische Auseinandersetzung wurden die Rührungsmomente der Studierenden – über ihre eigenen Erfahrungen hinaus – in der Ausstellung für andere wahrnehmbar. Reaktionen des Berührt-Seins stehen oft am Anfang oder im Zentrum besonders bedeutender Kunsterlebnisse und spielen für das individuelle Bewusstsein der Betrachter*innen eine zentrale Rolle.[78] Ehrfurcht (»awe«) oder auch das Gefühl des »beeing-moved« in der Kunstrezeption werden sowohl von Matthew Pelowski, der sich als Neurowissenschaftler mit der Wirkung von Kunst auf den Menschen beschäftigt, als auch von Jörg Fingerhut, einem Philosophen dieses Forschungsfeldes,[79] als bedeutsame emotionale Reaktionen auf Kunst betrachtet. Kunst hat dabei eine transformative Wirkung auf das Publikum: Sie stellt gewohnte Denkmuster und Wahrnehmungsroutinen infrage. Komplexe und widersprüchliche Emotionen, wie beispielsweise Ehrfurcht oder Berührt- und Bewegt-Sein, dienen als Quelle für persönliche

78 Gemeinschaftskonzept (2022)
79 Fingerhut J (2018)

Entwicklung und Integration neuartiger Sichtweisen – ein Kerngedanke phänomenologisch orientierter Kunsttherapie.

In den Arbeiten für die Ausstellung »Be-/-Rührung« wurden vier von Studierenden ausgewählte Materialien – Ton, Wasser, Watte und flüssige Farbe (Gouache, Aquarell) – verwendet. Mit diesen Materialien wurde das ansonsten flüchtige Erleben des Berührt-Seins in manifeste zugängliche Formen überführt.[80] Sie eröffneten vielfältige körperlich-sinnliche Erfahrungsräume und ermöglichten zugleich differenzierte ästhetische Bezugnahmen, sowohl aus der produktiven als auch aus der rezeptiven Perspektive:

- Ton vermittelt für Räumlichkeit, Formbarkeit in Kombination mit Wasser und Brüchigkeit.
- Wasser bringt Fließen, Veränderbarkeit und Klanglichkeit bei der Bearbeitung ins Spiel.
- Watte verkörpert Leichtigkeit und Instabilität, die in Verbindung mit anderen Materialien ihre Eigenschaften wandelt.
- Farbe ergänzt die Materialerkundung durch visuelle Dimensionen der Farbqualitäten.

Die Auseinandersetzung mit »Be-/-Rührung« wurde zu einem gemeinschaftlichen Reflexionsraum, in dem der explorative Umgang mit Material das Erleben von Nähe, Flüchtigkeit, Berührt-Sein und Beziehung vermittelte. Die Studierenden gingen ihrem Angesprochen-Sein mithilfe der Materialien in ihrer Eigengesetzlichkeit nach. Das daraus resultierende körperliche Resonanzerleben wurde in begleitenden Gesprächen insofern aufgegriffen, als künstlerisches Handeln, Selbstbezug und kunsttherapeutische Anwendung miteinander verknüpft wurden.

80 Pelowski M et al. (2017)

Material und Körper als Medien

Mit dem Übergang der Bildenden Kunst von der Moderne des 20. zum 21. Jahrhundert wandelt sich auch die Rolle des künstlerischen Materials. Von kunstspezifischen Materialien, wie beispielsweise Ölfarbe, Aquarellfarbe, Tusche, Ton, Holz und Stein ausgehend, finden immer mehr kunstferne und alltägliche Materialien Anerkennung in der Kunst. Günther Uecker (1930–2025), ein Künstler, der Alltagsmaterialien in seiner Kunst einsetzte, sagte über seine Arbeit *Sandmühle:*

> »Wir sind vertraut mit Banalität umzugehen. Die Banalität ist die Quelle von Einvernehmen. Und so benutzte ich dann in dieser Überlegung einfache Materialien, womit jeder umgeht – und Unartiges, Unkünstlerisches.«[81]

Der Umgang mit dem alltäglichen Material ist bei ihm gleichsam die Brücke zum Publikum, das das Material aus dem eigenen Alltag kennt und somit zur Materialität seines Werkes hingeführt wird. In der Spannung zwischen Bekanntem des alltäglichen Materials und dem Fremden der künstlerischen Bearbeitung des Materials, hoffte er, sein Publikum für seine Arbeiten zu interessieren und zu sensibilisieren.

Arte Povera, eine Kunstströmung, die hauptsächlich durch Objektkunst vertreten war, entwickelte sich in der zweiten Hälfte der 1960er Jahre. Auch hier wurden sogenannte *arme* Materialien, also alltägliche, natürliche, wiederverwertete und aber auch verderbliche Materialien verwendet. Günther Uecker verwendete neben Sand für seine *Sandmühle* auch Nägel für seine bekannten *Nagelbilder;* Louise Nevelson schuf ihre Rauminstallationen aus Lieferkisten aus Holz und Span; Sigalit Landau, eine israelische Bildhauerin, setzt ihre Fundstücke dem Salz des Toten Meeres aus, um sie zu transformieren. Es wurden in dieser Kunstströmung auch gebrauchte Textilien verwendet und andere unbearbeitete Alltagsmaterialien. Banales wurde durch Einwirkung der Künstler*innen zum Kunstwerk, sodass sich eine neue Sphäre des Sinnlichen um diese Arbeiten herum

81 Uecker G (2011)

ausgedehnte.[82] Die Armut des Materials stand der erzielten ästhetischen Wirkung komplementär gegenüber.

Die Künstler*innen, die Materialien wahrnehmen und gestalten, haben einen sinnlichen und dabei zugleich verkörperten Zugang zu sich, dem Material und ihrer Umwelt. Wahrnehmen ist ein erster Schritt zum Selbstbezug und zur Selbsterkenntnis.

> »Ich bewege mich und es bewegt sich. Ich sehe, ich denke, ich bewege mich wieder. Das Material bewegt sich. Ich sehe, ich denke, ich bewege mich wieder. Das Material bewegt sich. Und so geht das weiter – mit Auge und Hand.«[83]

So erlebt Tony Cragg seine bildhauerische Arbeit in der Auseinandersetzung mit den Eigenschaften des Materials. Material und Körper verbinden sich im schöpferischen Prozess und wirken auf die erschaffene Form ein. Autsch und Hornäk, Herausgeberinnen des Buches »Material und künstlerisches Handeln«, präzisieren diese Überlegung so: »Künstlerisches Handeln ist seither angeregt durch die Auseinandersetzung mit spezifischer Materialität und umgekehrt: Das spezifische Verhalten des Materials verändert sich durch die unmittelbare körperliche Arbeit, durch Handhabung und Erforschung ebenso wie durch performative Arbeitsweisen.«[84]

Materialqualitäten und begleitende körperliche Erfahrungen während der Vorbereitung der Ausstellung »Be-/-Rührung« flossen in die Bearbeitung der Werke ein und teilten sich Besucher*innen der Ausstellung über ihre Wahrnehmungen der Exponate mit.

Dass sich Erfahrungen der Studierenden an das Publikum vermittelten, ohne dass diese sie selbst durchlebt hatten, ist ein Phänomen, das auf die medialen Funktionen von Körper und Material zurückzuführen ist.[85]

Die Philosophin Eva Schürmann unterscheidet den Begriff des Mediums nach seinen unterschiedlichen Funktionen: als Darstellungsmittel,

---

82 Arte Povera (2024)

83 Cragg T (2011) S. 9–18

84 Autsch A, Hornäk S (2017), S. 9

85 Weitere Formen des Anteilnehmens an Erfahrungen von Anderen können mithilfe der Begriffe der »Zwischenleiblichkeit« und der »Verkörperung« erklärt werden. Auf diese Begriffe wird im Kapitel »Eine Assemblage aus Körper und Material: Material Agency« eingegangen.

als Vermittler von Wahrnehmung und als Instrument des Handelns. Medien sind dabei einerseits gegenständliche Werkzeuge, mit denen wir Zugang zu Dingen und Erfahrungen eröffnen, und andererseits lebendige Vermittler, die Bedeutung und Wirklichkeit aktiv mitgestalten. Medien wirken als empfängliche, aber ebenso als aktiv gestaltende Instanzen, in denen Wahrnehmen, Handeln und Darstellen ineinandergreifen und sich wechselseitig durchdringen. Dieser integrative Prozess beinhaltet von Anfang an all diese Funktionen und führt zur Entstehung von Erkenntnissen und daher Wissen.

Schürmanns Sichtweise betont die lebendige, performative Dimension von Medien, die nicht nur passiv vermitteln, sondern in der künstlerischen Praxis auch als Räume des Erlebens und Verstehens fungieren, in denen Handeln und Erkennen untrennbar verbunden sind.[86]

Die Arbeiten der Kunsttherapiestudierenden vermitteln den Besucher*innen der Ausstellung ihre Erfahrungen. Als Medien setzten sie ein Vermittlungsgeschehen in Gang und machten das Berührt-Sein der Studierenden zugängig. Sie riefen ähnliche Erfahrungen im Publikum auf.

»an der Hand auf dem Seil spazieren gehen«

In Abbildung 3.1 ist Elena Braunes Arbeit zu sehen, gefolgt von ihrem Begleittext. Sie war im Jahr 2022 noch Studentin der Kunsttherapie und an der Ausstellung »Be-/-Rührung« beteiligt. Ein achtsam ausgebreitetes Wattefließ war auf einem hochbeinigen Glastisch ausgelegt worden. Sie verwendete eine einfache, in Drogerien erhältliche Baumwollwatte und breitete diese zu einem fragilen Fließ aus. Die Flüchtigkeit und Instabilität des Materials stellten eine Herausforderung dar. Es war nur schwer möglich, die Watte großformatig auszuziehen, da sie bei der geringfügigsten ungewollten Einwirkung wie durch einen Luftzug oder ein zu starkes Auseinander-Ziehen beim Umlagern oder Transportieren auseinanderfiel und so die homogene Beschaffenheit der Fläche zerstörte wurde.

86 Schürmann E (2010), S. 3

Abb. 3.1: »an der Hand auf dem Seil spazieren gehen«. Watte. Elena Braune (Foto: Alexandra Hopf, 2022, mit freundlicher Genehmigung von Elena Braune)

Elena Braune ergänzte ihr Exponat mit folgendem poetischen Text:

Beim ersten Termin
habe ich das Material erkundet.
Vor allem die Watte.
Das Wasser hat mich nicht so gereizt. Ich nahm mir
einfach ein Stück Watte und
zog sie wie Zuckerwatte aus-
einander.
Behutsam. Vor-
sichtig. Damit sie nicht reißt.
Auf einmal war ich voll in meinem Moment. Und

mir liefen die Tränen.
Ich war überwältigt. Von…
diesem kleinen Moment.
Als würde ich ihn noch einmal erleben. Ganz nah.
Erlebt.
Erleben.
Lösen.
Ich griff zum Ton.
Bearbeitete nur ein kleines Stück.
Nur mit den Händen…
Ohne Wasser. Ganz roh.
Ich hielt ihn so lange in meinen Händen bis er warm und trocken wurde.
Ich spürte den Ton. Ich…
Spürte mich. Spürte wie ich
Ruhiger wurde. Ruhiger und…
Ich wurde ruhiger je feiner der Ton mir wie Staub durch die Finger rann.
Und wieder eins wurde mit der Natur.

Bei der Bearbeitung des Materials war Elena Braunes Körper das Medium, das die Watte wahrnahm und damit umging. Ihr Körper diente als Werkzeug, das einen Vermittlungsprozess in Gang setzte, der sich innerlich anbahnte und äußerlich in die Handhabung des Materials einfloss. Die Watte wies aufgrund ihrer Beschaffenheit wiederum bestimmte Qualitäten auf, die sich vermittelten und darüber den Umgang mit ihr beeinflussten. Elenas Handhabung war durch ihre situativen Resonanzerfahrungen geprägt. Sie veränderte damit auch die Wahrnehmung der Watte als »armes« Material. Es erfuhr eine Aufwertung, da es künstlerisch bearbeitet worden war. In Analogie zu Schürmanns Gedankenführung fungieren das Material der Watte und die Sinneswahrnehmung mithilfe des Körpers wie Instrumente. Sie erlauben spezifische individuelle Wahrnehmungen und Begleiterfahrungen und machen geistige Prozesse zugänglich. So zeigen sich im Material Watte und durch den individuellen Körper Elena Braunes die drei Funktionen des Mediums: Wahrnehmen, Handeln und Darstellen.

Diese Perspektive ist auch für die kunsttherapeutische Praxis relevant. Über gezielte Fragestellungen lassen sich die medialen Dimensionen der Wirkungen von Körper- und Materialinteraktionen analysieren:

1. Wie wird angebotenes Material in seiner Beschaffenheit wahrgenommen?
2. Welche Materialeigenschaften heben sich von anderen ab?
3. Welchen flankierenden Erfahrungen gehen mit diesen Materialeigenschaften einher?
4. Für die Abschlussreflexion: Wie lassen sich Materialeigenschaften und damit einhergehende Erfahrungen auf das therapeutische Anliegen rückbeziehen?

Die substanziellen Eigenschaften des Materials werden in diesem Zusammenhang als *primäre Qualitäten des Materials* bezeichnet. *Sekundäre Qualitäten des Materials* sind diejenigen Aspekte, die Studierende (oder Patient*innen) unterschiedlich wahrnahmen und die entsprechend individuelle Begleiterfahrungen hervorriefen. Der Umgang mit *armen* und alltäglichen Materialien ist den meisten Menschen vertraut. Ihre künstlerische und damit alltagsfremde Bearbeitung ruft eine Zwiespältigkeit hervor, die Erfahrung des Fremden am Bekanntem ermöglicht und so zu besonderer Aufmerksamkeit im Tun aufruft.

Eine Assemblage aus Körper und Material: Material Agency

Abb. 3.2: Ausstellungsaufbau Be-/-Rührung. Arbeit von Freya Neumann (Foto: Alexandra Hopf, 2022, mit freundlicher Genehmigung von Freya Neumann)

Der Begriff der *Material Agency* beschreibt den Aufruf zum Handeln und Behandeln, der von einem Material aufgrund seiner Beschaffenheit ausgeht. Dinge und Materialien bringen spezifische Handlungsformen und Erfahrungsmöglichkeiten hervor. Sie tun dies individuell in Abhängigkeit von Akteur*innen und Handlungsformen, sind beziehungsrelevant und situativ eingebettet. Material Agency ist also dem Material nicht generell eingeschrieben, sondern entsteht durch Wahrnehmen und Handeln von Subjekten.[87]

»All material entities have de facto existing qualities that affect and shape the way human beings perceive and understand the world.«[88]

Michael Kirchhoff, Wissenschaftler und Associate Professor an der School of Liberal Arts der University of Wollongong, Australien, hat sich in seinen Studien mit Bedingungen von Handlungsmacht im Umgang mit materiellen Objekten beschäftigt. Handlungsmacht (Material Agency) spricht er materiellen Dingen zu, wenn sie nicht als isolierte Objekte verstanden werden, sondern als Teil eines relationalen Gefüges mit Menschen. Sie scheinen darin handeln zu können und menschliches Denken und Verstehen durch diese Bezogenheit aktiv mitzugestalten.[89]

Menschen reagieren auf dingliches und stoffliches Material, indem sie dieses Material behandeln, daraus Dinge herstellen und sich auf beides beziehen. Sie verstehen sich selbst darüber, wie sie im situativen Zusammenhang das jeweilige Material behandeln.

Nora Küttel formuliert in ihrem Aufsatz »Material agency in art installations«, dass somit auch soziale, mit Material verknüpfte Einflüsse in die Kunstproduktion hineinwirken und umgekehrt der Prozess der Kunstproduktion auf soziale Beziehungen einwirke.[90]

Die sich verändernde Rolle von Material spiegelt sich überdies im aktuellen Diskurs über Materialität. Materialität beschreibt die sinnlich erfahrbare Stofflichkeit sowie die kulturellen, historischen und sozialen Bedeutungen eines Materials. Entsprechend werden Qualitäten und Veränderungen des Materials wahrgenommen und anerkannt. Material verändert sich durch Einwirkungen von außen und innen (z. B. Alterungsprozesse), wird transformiert und überlagert sich mit anderen Materialien und deren situativen Einbettungen. Material beeinflusst aber auch handelnde Akteur*innen und ruft Effekte und Unterschiede hervor. Es geht also nicht nur um die Qualitäten und Bedeutungen des Materials, sondern auch um die Veränderung, die es hervorrufen kann.

---

87 Hopf A (2024), S. 41; Miller D (2005)
88 Kirchhoff M (2009), S. 210
89 ebenda
90 Küttel NM (2024), S. 151

> »Power is among all material bodies, both human and more-than-human, and therefore does not belong to bodies independently, but rather happens because material bodies are always dependent on one another.«[91]

In diesem Zitat wird die Auffassung formuliert, das Material Agency gleichermaßen von allen sinnlich erfahrbaren Eigenschaften von Dingen, Materialien und Körpern ausgeht. Es wird nicht zwischen menschlichen und dinglichen Körpern unterscheiden. Es sind vielmehr die jeweiligen Bezugnahmen und Überlagerungen ihrer Materialitäten, die ihre Agency unterscheiden.

Material Agency ist ein Begriff des *Neuen Materialismus.* Über die Emanzipation des Materials als passiver Grund- und Ausgangsstoff einer künstlerischen Bearbeitung, eines dinglichen und natürlichen Kontexts oder auch eines unbelebten Objekts hinaus, wird seine aktive, widerspenstige und eigenständige Wirkmacht hervorgehoben.[92] Damit geht eine Loslösung von der allein an den Menschen als Mittel- und Ausgangspunkt gebundene Wirkmacht einher. Handlung zeigt sich im *Neuen Materialismus* als ein offenes, lebendiges und wirksames Geflecht: Materie, Wissen und Bedeutung entstehen gemeinsam im Zusammenspiel von Körpern, Praktiken und Diskursen. Dabei entfalten nicht nur Menschen, sondern auch Dinge, Materialien und Umweltbedingungen ihre eigene Handlungsfähigkeit und prägen gemeinsam Prozesse und Bedeutungen.

Diese machtkritische Sicht lässt sich auch auf die Rolle und Einflussmöglichkeiten der Kunsttherapeut*innen übertragen. Sie hinterfragt implizit die kunsttherapeutische Deutungshoheit im Kontext eines komplexen Zusammenspiels dinglicher, materieller und natürlicher Faktoren, Medien und Körper. Mit dem Verständnis einer geteilten Handlungsmacht in der phänomenologischen Kunsttherapie wird das performative künstlerische Handeln der Patient*innen als eigenständige Quelle von Entwicklung und Erkenntnis gestärkt. Dabei liegt der Fokus auf der unmittelbaren Wahrnehmung und der Erfahrung des künstlerischen Tuns als dynamischer Prozess, der in einer permanenten Wechselwirkung zwischen Körper, Material und Erfahrung zirkuliert.

---

91 Hood EJ, Kraehe AM (2017)
92 Heinzelmann M (Hg.) (2022)

Erkenntnis vom Körper her: Verkörperung und Implizites Wissen

Abb. 3.3: Metamorphose. Ton. Marielena Böger (Foto: Alexandra Hopf, 2022, mit freundlicher Genehmigung von Marielena Böger)

Auch in der Arbeit von Marielena Böger (Abb. 3.3) hatten sich Erinnerung an Begegnungen mit Patient*innen niedergeschlagen. Sie wählte Ton und Wasser als taktile Akteure. Diese beiden Materialien bearbeitete sie so, dass schwammähnlichen Strukturen entstanden. Die Tonskulpturen wurden nicht gebrannt, sondern nach der Bearbeitung lediglich getrocknet, sodass sie fragil blieben.

Der Titel ihrer Arbeit »Metamorphose« verwies auf Veränderung. Das Wort »Metamorphose« stammt aus dem Griechischen und bedeutet einen »Wandel der Form«. Die Möglichkeit zum Wandel der Form war durch die Art möglich, wie Marielena Böger den Ton behandelte. Die porösen Oberflächen und die organischen Formen der Tonelemente erinnerten an Pflanzen oder Tiere. Schwämme, denen ihre Objekte ähnelten, gehören tatsächlich zu den ältesten Vielzellern der Erde und damit zu den Tieren. Unter einer biologischen Metamorphose wird die Veränderung der äußeren Formen eines Tieres in verschiedenen Entwicklungsstadien verstanden, wie beispielsweise bei einem Schmetterling.

In der Bildenden Kunst hingegen wird der Begriff »Metamorphose« mit verschiedenen Phasen eines künstlerischen Prozesses in Verbindung gebracht.[93] Dieser Prozess wird durch Umgebungs- und Materialaspekte beeinflusst, aber auch durch individuelle künstlerische Eingriffe seitens der*s Künstlers*in.[94]

Marielena Bögers Elemente schienen sich auf dem Sockel zu bewegen. Sie nahmen unterschiedliche Positionen ein, lagen auf der Säule, hingen aber auch an der Seitenwand, und bildeten zugleich eine zusammengehörende Gruppe.

Als ich vor ihrer Arbeit stand, hatte ich das Bedürfnis, die Oberflächen der Tonelemente zu berühren. Es ging etwas Lebendiges von ihnen aus. Gerne hätte ich erfahren, welche Erfahrungen Marielena Böger in ihre Arbeit eingearbeitet hatte und welche Erinnerungen des Berührt-Seins sie bewegt hatten. Als Betrachterin hatte ich eine Wechselwirkung zwischen dem bearbeiteten Material und meinem wahrnehmenden Körper unmittelbar erlebt. Eindrücke und Erfahrungen stellten sich spontan aus dem individuellen Zusammenspiel zwischen wahrnehmendem Körper und bearbeitetem Material ein. Im Folgenden wird dieses Phänomen anhand von zwei Begriffen weiter beleuchtet: Verkörperung und implizites Wissen.

Verkörperung

Der Begriff der Verkörperung (engl.: embodiment) thematisiert die Wechselwirkungen zwischen vitaler Körperlichkeit und menschlichem Bewusstsein. Was sich verkörpert, sind subjektive Eindrücke des Men-

93 Praet S (2014)
94 Praet S (2014)

schen, der individuell und sozial Anteil am menschlichen Körpersein als Grundlage sinnlicher Erfahrungswelten hat.[95]

Verkörperung ermöglicht den physischen Zugang zur Umwelt, der sich wiederum im Bewusstsein widerspiegelt. Diese Umwelt kann alltäglich sein, aber auch – wie in der Kunsttherapie – spezifisch therapeutisch-künstlerisch gestaltet. In der Kunsttherapie ist der Körper das Medium, das Material ergreift und formt. Verkörperter Ausdruck manifestiert sich sowohl in den Bildenden Künsten als auch in der Kunsttherapie in unterschiedlichen Formen und zeigt sich entsprechend vielfältig.[96] Verkörperungen entstehen dabei stets durch den jeweiligen Körper im individuellen künstlerischen Handeln.

Sabine Koch, Professorin für empirische Forschung in den Künstlerischen Therapien, habilitierte und forscht zum Thema Verkörperung.[97] Sie entfaltet ein prägnantes Bild des Prozesses der Verkörperung, das gleichermaßen seine produktive wie auch seine rezeptive Seite umfasst:

> »The person from the source of her body enriched by her impression, her bodily resonance and body feedback sets out for acts of art making, such as movements that she experiences as beautiful, melodies that create pleasure, texts that come to mind, enactments that express or artefacts that reflect her inner states and inner movements. This can be caused or initiated by an idea calling for realization or simply be a result of functional lust. Confronted with an object of art or an artistic performance another person is affected and moved in particular ways that resonate within his lived body. His affective impression is accompanied by an evaluation, a judgment, in conjunction with incoming former knowledge. The person's bodily resonance and the art object or performance change and influence each other on a moment-to-moment basis. The person is a living system with an enactive relationship to the environment. The person's perspective, expectations, attitude, knowledge and permeability can significantly influence the embodied affective experience and the evaluation of the art. Finally, the aesthetic emotion and judgment can stimulate new art-making or aesthetic expression.«[98]

95 Hopf A (2023), S. 201; Fuchs T (2014), S. 120

96 Niklas S, Roussel M (2013), S. 21 f.

97 Koch SC (2017); Koch SC, Fischman D (2011); Koch SC, Fuchs T (2011)

98 Koch SC (2017), S. 87

Implizites Wissen

Mit implizitem Wissen ist unausgesprochenes, stilles Wissen gemeint, das ausgedrücktem, sprachlich fassbarem, explizitem Wissen gegenübersteht. Der Terminus *Implizites Wissen* (engl.: tacit knowledge) geht auf Michael Polanyi (1891–1976) zurück.[99] Polanyi hatte zunächst Medizin und Chemie studiert, bevor er sich nach 1946 philosophischen Perspektiven der Wissenschaft zuwandte. Sein Konzept des impliziten Wissens anerkennt Wissensformen, die zu Handlungen befähigen und zugleich nicht spontan sprachlich ausgedrückt werden können. Diese Wissensformen reichern sich über subjektive Erfahrungen an und vermitteln sich auch darüber: »Unser Körper ist das grundlegende Instrument, über das wir sämtliche intellektuellen oder praktischen Kenntnisse von der äußeren Welt gewinnen.«[100]

Auch in alltäglichen Tätigkeiten manifestiert sich implizites Wissen, welches sich meist erst in der Rückschau zeigt. In diese zunächst sprachfernen Wissensformen des Handelns gehen die Strukturen und Regeln des Feldes ein, in denen Handlungen beheimatet sind und vollzogen werden.[101] Michael Polanyi hebt durch diese Begriffsbildung die Bedeutung subjektiver und handlungsimmanenter Erkenntnisprozesse hervor und weist ihnen wissenschaftliche Relevanz zu. Zugleich übt er Kritik am wissenschaftlichen Objektivitätsideal, das Erkenntnis ausschließlich im Anspruch auf allgemeine Gültigkeit verortet und dabei die individuelle wie auch gesellschaftliche Prägung jedes Menschen – und damit auch der Wissenschaftler*innen – verkennt.

Diese Überlegungen zeigen ihre Gültigkeit auch im Transfer auf Marielena Bögers Exponat. Sie bearbeitete den Ton nicht nur, sondern war durch ihre Erinnerungen an Rührungsmomente beeinflusst worden. Die Betrachter*innen konnten über Momente der Verkörperung am von Marielena in die Skulptur eingeschriebenen impliziten Wissen teilhaben. Insofern bewegten sich sowohl Marielena Böger als auch ich – stellvertretend für andere Rezipient*innen – im Bezugsfeld der Bildenden

99 Polanyi M (2016)
100 Polanyi M (2016), S. 23
101 Polanyi M (2016)

Künste. Das Exponat vermittelte nicht allein subjektive, erfahrungsbasierte Wissensformen, sondern wurde zugleich durch die Regeln und Strukturen des Kunst- und Kunsttherapiefeldes geprägt, in das es eingelassen war.

Unsere individuellen menschlichen Körper fungieren über diese Form der Teilhabe als Medien von Wahrnehmung und Erfahrung. Zugleich ist diese Rezeption durch Kenntnisse und Dispositionen geprägt, die dem Feld der Bildenden Künste und der Kunsttherapie entstammen. Das Einfühlen vollzieht sich nicht nur individuell, spontan und situativ, sondern überschreitet das rein Subjektive, indem die strukturellen und regelhaften Bedingungen des künstlerisch-ästhetischen und kunsttherapeutischen Feldes rezeptiv wirksam werden.[102]

Der Zusammenklang zwischen dem Körper als Vermittler von Wissen und den Regeln der Bildenden Künste und der Kunsttherapie erweiterte und differenzierte in seiner Verschränkung den Bezug zum Exponat. Jedes Exponat der Ausstellung »Be-/-Rührung« trug die individuellen Einschreibungen der jeweiligen Studierenden in sich. Zugleich waren aber auch die Bedingungen des Kunst- und Kunsttherapiefeldes darin verankert, sodass individuelle Wissensformen überschritten und in größere Zusammenhänge eingebettet wurden. Künstlerisch-ästhetische und auch kunsttherapeutische Aushandlungs- und Vermittlungsräume bündeln sowohl individuelle als auch gesellschaftliche Erfahrungen, an denen wir über den Körper als Medium teilhaben. In der Rezeption der Ausstellungsexponate wurden damit nicht nur das implizite Wissen der Künstler*innen und Kunsttherapeut*innen, sondern ebenso gesellschaftliche und feldspezifische Perspektiven der Bildenden Künste und der Kunsttherapie erfahrbar.

102 ebenda

Zusammenfassung der 3. Vorlesung

Abb. 3.4: Spuren, Ton, Holz. Lara Hansen (Foto: Alexandra Hopf, 2022; mit freundlicher Genehmigung von Lara Hansen)

In der Ausstellung »Be-/-Rührung« waren Arbeiten von Kunsttherapie-Studierenden zu sehen, in denen sie die Eigengesetzlichkeit ausgewählter Materialien in Bezug auf erinnerte Rührungsmomente ihrer kunsttherapeutischen Praxis erkundeten. Diese künstlerische Praxis war generell mit einer körperlichen Beteiligung der Handelnden verbunden. Aus dem gezielten Einbezug körperlicher Aspekte und ihrer Würdigung im Rahmen der Ausstellungsvorbereitung, aber auch in der kunsttherapeutischen Begleitung, entstanden anregende und innovative Impulse. Unterstützt wurde dieser Prozess durch einen spielerisch-forschenden Umgang mit

Material. Sowohl diese Prozesse als auch die finalen Werke der Studierenden dienten dabei als Träger von Erkenntnis.

Die *Rolle des Materials* in der Bildenden Kunst veränderte sich Laufe des letzten Jahrhunderts. Es vollzog sich ein Wandel von zunächst traditionellen kunstspezifischen zu eher kunstfernen und alltäglichen Materialien. Material diente so zunehmend als Bindeglied zwischen Alltags- und der Kunstwelt. Die künstlerischen Eingriffe in das Material waren für das Publikum aufgrund des Bezuges zu alltäglichen Kontexten besser nachvollziehbar. Dadurch konnte die Ver- und Bearbeitung der Materialien anschaulicher und verständlicher erlebt werden. Besonders wenn Material nur über geringen Eigenwert verfügte – wie es etwa in der *Arte Povera* der Fall war –, traten die darin eingeschriebenen Handlungen umso deutlicher hervor und entfalteten ihre Wirkung beim Publikum. Die Wertigkeit des Materials einerseits und die intensive Bearbeitung andererseits trugen zu dieser wirkungsvollen Spannung bei. Material und Körper der Künstler*innen sind jeweils gleichermaßen Ausgangspunkte der Gestaltung eines Artefakts. Sie vermitteln individuell adressierte Inhalte in ihrer Funktion des Dazwischens. Als Medien prägen ihre Eigenschaften auch die Art und Weise, wie diese Inhalte wahrgenommen werden und zur Geltung kommen.

Am Beispiel der Arbeit von Elena Braune wird der *subjektive Umgang mit Material* anschaulich. Ihre Wahrnehmung und Handhabung der Watte beeinflusste ihre Gestaltung. Aufgrund ihrer individuellen Aufmerksamkeit für implizite Aspekte der Watte, kam sie zu einer eigenständigen Bearbeitungsform. Patient*innen nähern sich ebenfalls über körper- und materialbezogene sowie prozessbedingte Sichtweisen individuellen Wirklichkeiten an. Diese können nicht im Vorhinein festgelegt werden, sondern gehen ausschließlich aus dem situativen Handeln mit Material und seiner Wahrnehmung hervor.

Handlungen einer Person lassen sich nicht durch reine Beobachtung und Interpretation erfassen. Insbesondere im Kunstkontext, und entsprechend im kunsttherapeutischen Kontext, ist es erforderlich, körperbezogene Perspektiven einzubeziehen. Handelnde, Begleitende und auch das Publikum einer Ausstellung nehmen den künstlerischen Prozess und das Werk körperbezogen wahr. Es verschränken sich nicht nur die Wahrnehmungen und Bezugnahmen der Akteur*innen untereinander, sondern auch verschiedene prozessuale Einflüsse. Ihre Würdigung verhilft dem zur Geltung, was im künstlerischen Tun der kunsttherapeutischen Begleitung zur Entfaltung kommt.

Material Agency bezeichnet die Fähigkeit von Materialien, eigenständig auf Handelnde und Handlungen einzuwirken und Prozesse mitzugestalten. Diese Wirkung beruht auf der Materialität, also den spezifischen Eigenschaften des Materials. Die zirkuläre Wechselwirkung zwischen Handelnden und Materialien ist komplex, unvorhersehbar und lässt sich nur durch praktische Erfahrung erschließen. Als zentrales Konzept des *Neuen Materialismus* entfaltet sich Material Agency in vernetzten Einheiten, die gemeinsam Wirklichkeit formen. Über die körperbezogenen Dimensionen des künstlerischen Prozesses hinaus eröffnet das Konzept der Material Agency in der phänomenologisch orientierten Kunsttherapie einen machtkritischen Umgang mit Deutungshoheiten des kunsttherapeutischen Feldes und stärkt die Selbstwirksamkeit der Patient*innen.

Der Mensch begegnet seiner Umwelt als untrennbare Einheit aus Körper und Geist. Deshalb sind in Kunst und Kunsttherapie erfahrungs- und handlungsorientierte Perspektiven sinnvoll, denn sie setzen diese Einheit voraus. Gestaltung und Wahrnehmung von künstlerischen Werken, Prozessen und darin verhandelter Inhalte finden über den Körper statt und lassen sich demgemäß nicht immer sprachlich fassen. Begleitende Erfahrungen öffnen unerwartete Erkenntnisdimensionen, die als Prozesse der Verkörperung erklärt werden können. Verkörperung (»embodiment«) als unmittelbare körperliche Teilhabe an Gestaltung und Wahrnehmung richtet sich auf das, was im Menschen geschieht. Erweitert wird die verkörperte Teilhabe durch den Begriff des »impliziten Wissens«, der über die Verkörperung hinausgehende Einflüsse berücksichtigt, wie etwa die Regeln und Strukturen des Feldes, indem Kunst- und Kunsttherapieprozesse und -werke beheimatet sind. Wenn wir von den Feldern der Bildenden Künste und der Kunsttherapie sprechen, sind also auch die hier geltenden Regeln und Strukturen zu berücksichtigen, da sie auf das kunsttherapeutische Handlungsfeld einwirken. Einer differenzierten Begleitung kunsttherapeutischer Prozesse dienen Sichtweisen, die mit »Verkörperung« und »implizitem Wissen« als Formen nicht-sprachlichen und künstlerischen Verstehens vertraut sind und im Rahmen der Kunsttherapie Anwendung finden.

Material und Körper setzen künstlerische Prozesse in Gang und vermitteln sie. Material wird berührt. Der Körper berührt. Berühren und Berührt-Werden sind leiblich wie emotional wirksame Erfahrungen, die innere Prozesse aktivieren und Veränderungsimpulse auslösen. Durch die bewusste Aufmerksamkeit für solche Erfahrungen treten implizite Dimensionen künstlerischer Gestaltung klarer hervor. Diese entfalten in der Kunsttherapie das Potenzial, Entwicklungsimpulse bei Patient*innen anzuregen. Da implizit eingeschriebene Aspekte ausschließlich im gestalterischen Handeln erfahrbar sind, können sie nicht vorweggenommen oder vollständig sprachlich erfasst werden. Gerade darin liegt ein wesentliches Moment der therapeutischen Wirksamkeit künstlerischer Prozesse.

4. Vorlesung
Die Rolle der Sprache in der phänomenologischen Kunsttherapie

Sprache stellt in der therapeutischen Praxis ein zentrales Kommunikationsmittel dar, da sie die Strukturierung, Beobachtung und Reflexion therapeutischer Prozesse sowie deren Abschluss ermöglicht. Auch in der Kunsttherapie, die in diesem vorliegenden Zusammenhang als handlungsorientiertes Verfahren verstanden wird, begleitet und reflektiert das Sprechen fortlaufend den therapeutischen Prozess. »Kommunizieren bedeutet, ganz grundsätzlich verstanden, gedanklich eine bestimmte Position und Lage in einem gemeinsamen Raum einzunehmen, zu behaupten, zu beziehen, auszufüllen, auszuhalten, zu verkörpern, zu vertreten usw. Das geistig-seelische Welt- und Selbsterleben wird durch verräumlichte Bilder ausgedrückt und vorgestellt.«[103]

Das begleitende kunsttherapeutische Sprechen fokussiert generell die persönliche Entwicklung, Selbsterkenntnis und Unterstützung der Patient*innen. Zugleich weist es eine deutlich performative und raumbezogene Qualität auf. Auch die Beziehung zwischen Patient*innen und Kunsttherapeut*innen, der Umgang mit dem künstlerischen Material sowie die sich darin entfaltende Gestaltung werden als Referenzen bedeutsam.

Über eine therapeutische Gesprächsführung hinaus, wie sie in der sprachorientierten Psychotherapie üblich ist, erfordert Kunsttherapie als kunstbezogene Therapiemethode eine spezifische Form des Sprechens. Dabei sind die Gestaltungen der Patient*innen sowie deren Wahrnehmungen und Erfahrungen in ihren Verflechtungen zentral. Sie erweitern den therapeutischen Erfahrungs- und Reflexionsraum. Aus der Perspektive einer kunstbasierten Kunsttherapie kann auch dieses begleitende

103 Stölzel T (2015), S. 42

Sprechen als Kunstpraxis verstanden werden. Das Dritte in der Kunsttherapie, künstlerischer Prozess und/oder Werk, verändert nicht nur die therapeutische Dynamik, sondern lenkt die Aufmerksamkeit weg vom Dialogischen des Gesprächs, hin zum triadischen Bezugsfeld zwischen Patient*innen, Kunsttherapeut*innen und Kunstpraxis.

Sprechen in der Kunsttherapie

Jean-Luc Nancy (1940–2021) behandelt im folgenden Zitat das Verhältnis zwischen Kunst und Sprache: »Die Kunst – und damit werde ich enden – die Kunst kommt vielleicht vor der Sprache, wie ich am Anfang gesagt habe. Wenn aber die Kunst in der Sprache geschieht und durch die Sprache, dann ist sie innerhalb der Sprache das, was über die Sprache, die Bedeutung hinaus geht.«[104]

Nancy ist ein französischer Philosoph, der sich unter anderem mit Ästhetik beschäftigte. Seine Theorien sind von der potenziellen Offenheit menschlicher Weltbezüge geprägt, die stets unvollständig und im Werden begriffen sind. Sein Zitat stellt eine Ähnlichkeit zwischen Sprache und Kunst fest, in der beide über sich selbst hinausweisen. Insofern bringt Sprache etwas hervor, das den informativen Sachgehalt der Worte übersteigt und jenseits der Grenzen des Ausgesprochenen liegt. Nancys Gedanken zu Kunst und Sprache sind auch für die Kunsttherapie als kunstbasierte Therapieform von großer Bedeutung.

Stellen wir uns dafür den Beginn einer kunsttherapeutischen Sitzung vor: Wie bei jeder therapeutischen Begleitung, findet zunächst eine Kontaktaufnahme zwischen Patient*in und Therapeut*in statt, die üblicherweise in eine tragfähige therapeutische Beziehung mündet. Im Mittelpunkt steht der Austausch therapierelevanter Informationen, ein erstes Kennenlernen und das Anbahnen und Erproben einer belastbaren therapeutischen Verbindung. Therapeut*innen gewinnen Einblick in die

104 Nancy JL (2019), S. 26

Lebenssituation, Erkrankungen, Probleme und persönlichen Anliegen ihrer Patient*innen. Patient*innen wiederum werden über Rahmenbedingungen, Setting und Vorgehensweisen des jeweiligen kunsttherapeutischen Verfahrens informiert.

Für manche Patient*innen ist künstlerisches Tun grundsätzlich neu. Selbst jene, die bereits damit vertraut sind, empfinden den therapeutischen Umgang mit künstlerischen Mitteln häufig als ungewohnt und herausfordernd. Doch auch Patient*innen ohne künstlerische Vorerfahrungen können von einer kunsttherapeutischen Begleitung nachhaltig profitieren.

An die Kontaktaufnahme schließen sich probatorische Sitzungen an. Sie eröffnen den Zugang zum künstlerischen Material und ermöglichen es, einzuschätzen, ob ein tragfähiges therapeutisches Bündnis entstehen kann, indem das künstlerische Tun bereichernd erlebt wird.

Die in der Kunsttherapie aufgerufenen künstlerischen, handlungs- und erfahrungsorientierten Ebenen erweitern den therapeutischen Begegnungsraum. Sie verändern das Bezugsfeld sowie seine Dynamik grundlegend und erfordern daher ein anderes sprachliches Vorgehen als in rein sprachbasierten Therapieformen.

Die Beziehung zwischen Patient*in und Kunsttherapeut*in beginnt während der Kontaktaufnahme zunächst als Dyade. Im Verlauf erweitert sie sich um den dritten Bezugspunkt, den künstlerischen Prozess. Das Zusammenspiel dieser drei Elemente, Patient*in, Kunsttherapeut*in, künstlerischer Prozess – wird als »kunsttherapeutische Triade« bezeichnet.[105]

Durch die Öffnung hin zum künstlerischen Erfahrungsraum verschiebt sich die Aufmerksamkeit. Die Gestaltung liegt vor allem in den Händen der Patient*innen: Diese setzen sich mit dem Material auseinander, folgen ihren Impulsen und formen es. Anders als in dyadischen gesprächsbasierten Therapien richtet sich die Aufmerksamkeit von Patient*in und Kunsttherapeut*in auf ein Drittes – die künstlerische Gestaltung. Patient*innen sind die primär Handelnden, gehen ihren individuellen Handlungsoptionen nach und erproben sie, sodass diese zur Quelle ihrer Selbstwirksamkeit und -ermächtigung werden.

105 Sinapius P (2010a)

Sprechen und Erschaffen

Um die Handlungsorientierung in der Kunsttherapie zu unterstützen, ist ein spezifischer Umgang mit Sprache erforderlich. Sprechen wird dabei nicht nur als reines Kommunikationsmittel verstanden, sondern als eigenständige Form des (künstlerischen) Handelns, das selbst gestaltend wirkt. Mit Blick auf den künstlerischen Prozess stellt sich weniger die Frage nach dem übergeordneten Ziel oder einer Bedeutung, sondern vielmehr: Was wird getan? Wie wird es getan?

Handeln wird nicht in ein größeres *Warum* und *Wofür* eingeordnet, das sich auf Vorannahmen und Zielsetzungen bezieht. Vielmehr geht es darum, das Wahrgenommene und Erfahrene durch Patient*in und Therapeut*in zu beschreiben, sodass der Prozess mit seinen Begleiterfahrungen offen liegt, mitvollzogen und lebendig gehalten wird.

Diese situative Ausrichtung entfaltet ihre eigene schöpferische Qualität, die nur durch den Verzicht auf vorgegebene Deutungen möglich wird. Gerade aus reinem Tun und einer gemeinsamen Rekonstruktion können sich neue Perspektiven eröffnen.

Im kunsttherapeutischen Reflexionsgespräch wird die Aufmerksamkeit so ausgerichtet, dass der Schwerpunkt auf der gegenwärtigen Situation sowie auf der Vermittlung des künstlerischen Prozesses liegt. Diese spezifische Ausrichtung besitzt eine tastende, explorative Qualität und trägt dazu bei, »Sedimente« des künstlerisch-therapeutischen Verlaufs zu sichern.[106] Mit »Sedimenten« sind hier Ablagerungen bzw. Spuren gemeint, die mithilfe der beschriebenen Aufmerksamkeitsverschiebung an Bedeutung gewinnen können. Der situative Nachvollzug von Wahrnehmung, Handlung und Erfahrung im Austausch der kunsttherapeutischen Begleitsituation gründet auf dem Vertrauen in die künstlerisch-ästhetische Praxis als Quelle von Entwicklungsimpulsen.

Die Auseinandersetzung mit diesen Sedimenten bringt Brüche, Diskontinuitäten und situativ emergierende Wahrnehmungen zum Vor-

106 siehe 1. und 5. Vorlesung

schein.[107] Auch diese gilt es ins Gespräch einzubeziehen und als vollwertige Kreationen zu würdigen.

> »Dieses Mehr zeigt sich nicht immer an der Oberfläche, sondern oft nur hinter- und untergründig. Es muss da entdeckt werden, wo aktuelles Wahrnehmen und bisheriges Wissen auseinanderdriften. In dem entstehenden Spalt liegt der Kern dessen, was wir als Inspiration bezeichnen und was damit die Voraussetzung des Schöpferischen bildet.«[108]

Die aus der phänomenologischen Beschreibung und Exploration hervorgehenden Einsichten treten nicht nur durch die sprachliche Bezugnahme auf Erfahrung, Handlung und Wahrnehmung hervor. Gerade das Randständige, Flüchtige und zunächst Fremde erfährt durch diese Beschreibung Anerkennung. Im Weiteren wählen Patient*innen diejenigen Aspekte aus der Exploration aus, die für sie die größte Relevanz in ihrer persönlichen Erfahrungswelt besitzen. Vorannahmen und Interpretationen verstellen den performativen Prozessbezug. Sie lenken von möglichen tieferen Erkenntnissen der Patient*innen ab oder verhindern sie sogar.[109]

> »Das vermeintlich Ereignis- und Wertlose, Werte im Allgemeinen, in einer Praxis des ›explorativen Experimentierens‹ zu thematisieren, heißt sich von einem Verständnis zu lösen, das Experimentieren als Rechtfertigung zur Überprüfung von Theorien begreift. […] Die offene Haltung des explorierenden Forschens gleicht einem Entfalten und Ausdifferenzieren, das keine abschließende Reduktion und Ableitung auf Kernergebnisse zulässt.«[110]

Das Künstlerische der Kunsttherapie öffnet einen kontingenten Möglichkeitsraum, der nicht primär auf vergangenheitsbezogene und kognitive Aspekte der menschlichen Psyche verweist.[111] Vielmehr entsteht im Tun etwas, das in dieser Form zuvor nicht existierte. Diese produktive wirklichkeitserzeugende Kraft trägt zwar biografische Prägungen und kontextuelle Einflüsse in sich, ist jedoch in erster Linie schöpferisch und

107 Waldenfels B (2002), S. 235
108 Wendland J (2018), S. 160
109 Hopf A (2023); siehe 1. Vorlesung: »Humanistische Perspektiven«, »Künstlerische Forschung und kunsttherapeutische Praxis«, »Zusammenfassung« der 2. Vorlesung, 3. Vorlesung
110 Mark E (2019), S. 200
111 Gödde G, Buchholz MB (2011), S. 11–16

zukunftsorientiert. Im Aushandlungsprozess zwischen Material und Körper tritt etwas in Erscheinung, das nur unter diesen spezifischen Bedingungen Gestalt annehmen kann. »Alles Tun, alle Tätigkeit, hat antizipatorischen Charakter.«[112]

Im Öffnen des Möglichkeitsraums des Künstlerischen manifestieren sich unerwartete therapeutische Wirkungen.[113] Die individuellen Prägungen der Patient*innen werden dabei nicht negiert, sondern für den Moment zurückgestellt. Der Fokus richtet sich auf die gegenwartsgebundenen und zukunftsorientierten Perspektiven der Gestaltung, die über die aktuelle Krisenerfahrung hinausweisen. Im Folgenden soll anhand eines Beispiels aufgezeigt werden, wie diese Überlegungen konkret zum Tragen kommen können und welche therapeutischen Konsequenzen sie zeitigen.

Ich erinnere mich an ein Bildgespräch mit einer Kunsttherapiestudentin während eines Wochenendseminars im Jahr 2015. Ziel der Lehrveranstaltung war es, den Studierenden ein kunsttherapeutisches Reflexionsgespräch in einer Live-Situation erfahrbar zu machen. Eine Studierende stellte sich hier als Gesprächspartnerin zur Verfügung. Zuvor hatten die Studierenden abstrakte Gemälde geschaffen, deren inhaltliche und formale Ausgestaltung ihnen freigestellt war.

Da mir im Vorfeld weder Bildinhalte noch Anliegen oder Zielsetzungen der Studierenden bekannt waren, näherte ich mich unserem Einzelgespräch ausschließlich über den gemeinsamen Nachvollzug und die Beschreibung der gestalterischen Handlungen im Bild. Die Studentin war eingeladen, diese Beschreibung aus ihrer Perspektive zu ergänzen, fortzuführen oder gegebenenfalls zu korrigieren.

Es war deutlich zu erkennen, welche Partien zuerst entstanden waren und von späteren überlagert wurden. Diese ersten Formen waren mit weiten, vitalen Pinselbewegungen umgesetzt worden. Insgesamt hatte die Studentin zurückhaltende stark verdünnte Farben für ihr Bild verwendet. Im Zentrum war eine geschwungene Form zu sehen, die von mehreren anderen Formen umgeben war. Deutliche Linien und starke Kontraste fehlten weitgehend; die Formen gingen ineinander über und verdichteten

112 Huber HD (2010), S. 19
113 Hopf A (2023), S. 16

sich stellenweise zu dunkleren Farbzonen. Durch das Gespräch mit der Studentin entstand eine prozessuale Rekonstruktion des Gestaltungsprozesses. Die Studentin konnte durch die phänomenologische Beschreibung an die Erfahrung einzelner Handlungsschritte anknüpfen, wodurch diese im Gespräch gegenwärtig wurde. Der Fokus lag nicht auf einer interpretativen Zuschreibung, sondern das Vorgehen war von einem vorsichtigen Annähern an den durchlaufenen Prozess und einer lebendigen Rückbindung an das Entstandene geprägt.

Während dieses Austauschs zeigte sich die Studentin mit einem Mal berührt; sie schien den Tränen nahe zu sein und sagte mir, dass sie dieses Gespräch ergreife. Sie eröffnete mir, dass sie sich ihrem körperlichen Erleben während ihrer frühen Schwangerschaft (sie war im zweiten Monat schwanger) angenähert habe. Über diese Situation habe sie hier eigentlich nicht sprechen wollen. Sie erlebe ihren Zustand im Kontakt mit ihrem Bild erneut und sei erstaunt darüber, dass sich ihre körperliche und emotionale Veränderung aufgrund der Schwangerschaft – trotz ihrer Entscheidung, nicht darüber zu sprechen – darin widerspiegele. Dies habe sie im Schaffensprozess selbst nicht wahrnehmen können. Der Nachvollzug im Dialog habe diese Erfahrung verlebendigt und sich bei ihr körperlich ausgewirkt. Sie habe eine tiefe Verbindung zu ihrem Tun und ihrer aktuellen Lebenssituation verspürt. Es seien Fragen in Bezug auf die Schwangerschaft, deren Einfluss auf ihre Lebenssituation und Zukunft aufgetaucht, mit denen sie sich bisher nicht habe auseinandersetzen wollen. Sie sehe nun die Notwendigkeit der Auseinandersetzung. Diese Einsicht sei eine direkt erlebte Auswirkung der Bildbesprechung.

Das Gespräch bezog sich nicht auf Vor- und Kontextwissen, sondern spürte vor allem Situatives und damit Unvorhersehbares auf. Die künstlerische Arbeit der Studierenden und das begleitete Erkunden ihres Gestaltungsprozesses wurden zu Quellen ihrer unvorhersehbaren Einsichten.

Das Vorgehen lässt sich in folgende vier Schritte gliedern:

1. Phänomenologische Beschreibung der Gestaltungshandlung
2. Nachvollzug der flankierenden Erfahrungen und Wahrnehmungen
3. Verknüpfungen zu Fragen des eigenen Lebens

4. Abschluss und Formulierungen von sich ergebenden Einsichten und Transfer in die Alltagswirklichkeit.

Zentrale Qualitäten der phänomenologischen Beschreibung in der Kunsttherapie sind folgende: Sie schafft einen Raum, in dem das Unbestimmte und Offene nicht vorschnell durch Deutung verdeckt wird, sondern im Gespräch gehalten und gewürdigt wird. Indem die Wahrnehmung des Entstandenen in den Vordergrund tritt, bleibt erfahrbar, wie sich Bedeutung in der Auseinandersetzung zwischen Material, Handlung und persönlicher Resonanz der Patient*innen emergent entfaltet. Die beschreibende Haltung eröffnet ein Feld, in dem tiefere therapeutische Erkenntnisse nicht durch beiderseitige Vorannahmen gesteuert, sondern aus dem künstlerischen Prozess selbst hervorgebracht werden.

Aufmerksamkeit im kunsttherapeutischen Sprechen

Aufmerksamkeit bezeichnet einen Zustand von erhöhter Wachheit (*Vigilanz*) und innerer Anspannung. Sie ist durch die selektive Ausrichtung von Wahrnehmen, Denken und Handeln gekennzeichnet. Diese Selektion kann sowohl spontan erfolgen, indem die Aufmerksamkeit auffälligen, neuartigen Reizen aus der Umgebung folgt, als auch gezielt angeregt werden – etwa durch spezifische Hinweise im Rahmen der kunsttherapeutischen Begleitung. Aufmerksamkeit und Offenheit stehen dabei in einem wechselseitigen Bedingungsverhältnis.[114] Im kunsttherapeutischen Prozess erweist sich ein Aufspüren eigener habitualisierter Wahrnehmungsmuster und eine wiederholte Einübung einer Haltung der Offenheit als sinnvoll. Mit einer wachen Selbstbeobachtung, einem Aufspüren

114 Metzinger T (2003)

stereotyper Wahrnehmungsmuster und prozessualer Offenheit können zunächst unscheinbare, im Verlauf jedoch bedeutsame Spuren verfolgt und für Anliegen der Patient*innen genutzt werden.

> »Indem wir unsere Aufmerksamkeit auf ein bereits sinnlich wahrgenommenes Objekt lenken, führen wir zunächst eine Selektion und eine Verstärkung durch: Wir wählen die phänomenale Repräsentation dieses Objekts aus und intensivieren damit automatisch bestimmte, dieser Repräsentation zu Grunde liegende Informationsverarbeitungsvorgänge in unserem Gehirn. Gleichzeitig erhöhen wir den Grad unserer Wachheit und orientieren uns auf den fraglichen Gegenstand. Wir tun dies jedoch ohne einen Begriff für das Objekt zu bilden. Typischerweise wird das Objekt dadurch prägnanter, detailreicher, und als kohärente Gestalt aus einem Hintergrund herausgelöst – es entsteht eine neue und bessere Repräsentation. […] Visuell-räumliche Aufmerksamkeit zum Beispiel segmentiert eine phänomenale Szene und trägt dadurch zur Reduktion von Ambiguität bei.«[115]

Dieser Umgang mit Aufmerksamkeit führt zu einer Vertiefung und Anreicherung des beobachteten und nachvollzogenen künstlerischen Prozesses in der kunsttherapeutischen Begleitung. Eine »Reduktion von Ambiguität«, wie es im Zitat oben formuliert wurde, ermöglicht zusätzlich eine Neuorientierung durch einen Perspektivenwechsel. Dabei wird untersucht, was prägnant erscheint. Das Prägnante, Aspekte des Objekts, der Gestaltung und Verlaufs werden weiter ausdifferenziert, sodass Resonanzmaterial für den therapeutischen Prozess und die persönliche Weiterentwicklung zunächst angereichert und dann ausgewählt werden kann. Hélène Cixous, eine französische Philosophin, Schriftstellerin und Literaturkritikerin, beobachtet eine besondere Form der sprachlichen Aufmerksamkeit: »An attention that is terse, active, discreet, warm, almost imperceptible […] Thinking delicately of […] surrounding it with a discreet, confident care.«[116] Diese zeichnet sich durch ein achtsames, waches und wertschätzendes Herantasten an potenzielle Inhalte aus und eignet sich insbesondere für die Reflexion künstlerischer Prozesse in der Kunsttherapie.

---

115 Metzinger T (2003), S. 2
116 Cixous H (1991), S. 66

Sprechen und Verstehen, das kunsttherapeutische Sprachspiel

Patient*innen und Kunsttherapeut*innen begegnen einander als Individuen, die primär und unabhängig vom therapeutischen Kontakt in unterschiedliche Lebenswelten eingebunden sind. Entsprechend unterscheiden sich auch ihre individuellen Sprachwelten und Kommunikationsformen. Ludwig Wittgenstein bezeichnet als »Sprachspiel«[117] die Verknüpfung von Sprache mit konkreten Tätigkeiten und Verständigungsperspektiven innerhalb der subjektiven Lebenswelt. Dieses Konstrukt ist von habituellen Gewohnheiten und normativen Regeln des jeweiligen sozialen Kontexts durchdrungen, wird jedoch zugleich von individuellen Ausdrucksformen geprägt.

Wittgensteins Konzept des Sprachspiels als sich unterscheidender Ausdruck subjektiv und kollektiv geprägter Lebensformen birgt grundlegende Herausforderungen für gelingende zwischenmenschliche Kommunikation. Differenzen zwischen den jeweiligen Sprachspielen verringern die Möglichkeit eines spontanen gegenseitigen Verständnisses.[118] Kommunikation kann nur dann gelingen, wenn diesen Differenzen nicht allzu viel Gewicht beigemessen wird und ein Mindestmaß an gegenseitiger Verständnisbereitschaft und Verständigungsfähigkeit vorausgesetzt wird.[119]

Der individuelle regelgeleitete Sprachgebrauch wird in impliziten kollektiven Praktiken der sozialen Kontexte erworben, in die wir eingebunden sind. Natürliche Sprache beruht auf historisch, sozial und regional sich entwickelnden und verändernden Sprachsystemen. Diese Systeme sind auf eine Offenheit, Mehrdeutigkeit und Wandelbarkeit angewiesen, die wiederum Spielräume individueller und kollektiver Bedeutungsbildung eröffnen. Sprache als soziokulturelles Phänomen unterliegt ohnehin einem fortwährenden Wandel: Wortbedeutungen bleiben in der Regel höchstens über drei Generationen erhalten; nach ungefähr fünf Genera-

117 Wittgenstein L (2011), § 7
118 Savigny E (2011), siehe 2. Vorlesung
119 Oehm S (2019), S. 32

tionen kommt es zu einer weitgehenden Überschreibung von Bedeutungsinhalten.[120]

Im Alltag wirkt Sprache auf den ersten Blick eindeutig und unmissverständlich. Sie erleichtert Orientierung, Verständigung und Organisation der persönlichen und sozialen Lebenswelt. Wird diese alltägliche Gewissheit auf andere, weniger vertraute Lebens- und Kommunikationsbereiche übertragen, in denen komplexere Sachverhalte sprachlich verhandelt werden, kommt es häufig zu Missverständnissen.

So erläutert es Stefan Oehm, Sprachphilosoph und Galerist, anhand des folgenden alltäglichen Beispiels: Werden wir gebeten, Salat zu kaufen, verstehen wir sofort, was gemeint ist, und welche Handlung sich daraus ergibt.[121] Im Alltagskontext besitzt das Wort »Salat« einen unmissverständlichen Wahrheitswert. Anders verhält es sich mit Themen, die weniger konkret sind und dadurch weniger sprachliche Verständnissicherung ermöglichen.[122] Ein solcher Kontext ist eine therapeutische Begleitung, in dem Themen wie Emotionen und sich daraus ergebende Krisen, aber auch Entwicklung und Wandel verhandelt werden. In solchen Zusammenhängen werden Worte eingesetzt, die »unscharfe Ränder«[123] aufweisen. Der Wahrheitswert der Sprache ist geringer und offener, weil weniger konkrete Sachverhalte thematisiert werden. Umso wichtiger ist es hier, ein gemeinsames Verständnis von Begriffen, Rahmenbedingungen und Anliegen zu entwickeln.

Therapeutische, kunstbezogene und insbesondere kunsttherapeutische Sprachfelder zeichnen sich durch unscharfe Begrenzung mit uneindeutigem Wahrheitswert aus. Der damit verbundenen Unbestimmtheit lässt sich durch den Einbezug konkreter situativer Handlungs- und Erfahrungsinhalte begegnen. Sprachliche Ausdrucksformen orientieren sich dann am sinnlich Erfahrbaren und unmittelbar Anschaulichen der kunsttherapeutischen Begegnung. Patient*innen treten über ihre Gestaltungen in einen direkten physischen Kontakt mit dem Material. Dabei kann sowohl von körperlicher als auch von materieller Präsenz gespro-

120 Oehm S (2019)
121 ebenda, S. 112
122 Oehm S (2019), S. 114
123 Keller R (2018), S. 112

chen werden. Hans Dieter Huber, deutscher Kunstwissenschaftler und Künstler, definiert Präsenz als: »erstens verkörpert, zweitens in eine spezifische Lebenswelt eingebettet und drittens aktiv erzeugt.«[124] Alle Dimensionen der Präsenz stehen der kunsttherapeutischen Reflexion zur Verfügung. Begleitende Kunsttherapeut*innen übernehmen hierbei eine zentrale Orientierungs- und Modellfunktion. Die kunsttherapeutische Haltung beeinflusst maßgeblich, ob und in welcher Weise Patient*innen bereit sind, sich auf ergebnisoffene Reflexionsprozesse einzulassen, deren Einsichten sich nur schrittweise im Verlauf formulieren lassen.

Häufig nehmen Patient*innen aufgrund ihres eigenen vulnerablen Zustands differenziert wahr, welche Einstellungen und Erwartungen an sie herangetragen werden. Manchmal sind es aber auch Patient*innen selbst, die bevorzugt im Vertrauten, aber Krisenhaften verharren. Die Unbestimmtheit und Offenheit des Künstlerischen fordert heraus und kann verunsichern. Wenn mit möglichst einfachen Worten diese Form des beschreibenden und handlungsbezogenen Austauschs erklärt und eingeübt wird, ermutigt das auch Patient*innen diesen zu erproben. Haben sie erst einmal gute Erfahrungen mit dieser Form des Austauschs gemacht und aufschlussreiche Erkenntnisse gewonnen, fassen sie meist Vertrauen in den günstigen Einfluss der künstlerischen Praxis auf den eigenen Therapieverlauf.

Transparenz der jeweiligen kunsttherapeutischen Vorgehensweise ist ohnehin für den Aufbau einer hilfreichen kunsttherapeutischen Beziehung notwendig, sodass Patient*innen in ihren Selbstwirksamkeitserfahrungen unterstützt werden. Sie verhilft den jeweils Beteiligten zu einer besseren Orientierung im gemeinsamen kunsttherapeutischen »Sprachspiel«. So können die Beteiligten gemeinsam anhand des Prozesses auf Entdeckungsreise gehen.

Kunsttherapeut*innen und Patient*innen arbeiten mit situativ Gegebenem und orientieren sich an Wahrnehmung, Erfahrung und Handlung. Dabei sind die Patient*innen Expert*innen ihrer Lebenserfahrungen und individuellen Fragen und Einsichten. Kunsttherapeut*innen tragen wiederum mit ihrer Expertise zum Gelingen dieser therapeutischen Prozesse bei. Wenn beide Expertisen verknüpft werden, kommt das Patient*innen

124 Huber HD (2018), S. 89

insgesamt zugute. Aus einer kunsttherapeutischen Haltung, die sich machtkritisch versteht und auf das selbstwirksame künstlerische Tun der Patient*innen fokussiert, gehen spezifische Impulse für den Umgang mit Krisen hervor. Eine Sprachpraxis, welche das Künstlerische beschreibt, ohne es zu deuten, und auf diese Weise ein gemeinsames Nacherleben anregt, kann die Missverständnisse zwischen den jeweils beteiligten Sprachwelten reduzieren. Sie aktualisiert und vitalisiert den kunsttherapeutischen Prozess, der so zum Ausgangspunkt von hilfreicher Wandlung werden kann. Patient*innen erleben sich dabei als wirksame Akteur*innen ihrer eigenen Entwicklung.

Zusammenfassung der 4. Vorlesung

Die *sprachliche Begleitung der phänomenologischen Kunsttherapie* beschreibt die mit dem Prozess einhergehende Wahrnehmung, Erfahrung und Handlung der Patient*innen. Die Ausrichtung auf das sogenannte therapeutische Dritte, den künstlerischen Gestaltungsprozess, unterscheidet die Kunsttherapie von sprachorientierten psychotherapeutischen Verfahren. Die drei Positionen in der Kunsttherapie, Patient*innen, Kunsttherapeut*innen und Gestaltungsprozess, gehen in den Begriff der kunsttherapeutischen Triade[125] ein. Der Gestaltungsprozess verändert das therapeutische Kräfteverhältnis insofern, dass Patient*innen in Bezug auf ihre künstlerischen Handlungen selbstwirksam und -bestimmt sind.

Im *künstlerisch-ästhetischen Handlungsraum* werden neue Wirklichkeiten erzeugt, die individuelle biografische Einflüsse mittragen, dabei dennoch zutiefst schöpferisch und zukunftsorientiert sind. Der beschreibende Nachvollzug des Gestaltungsprozesses durch Kunsttherapeut*in und Patient*in und die damit verbundenen Wahrnehmungen eröffnen unerwartete Einsichten. Sie zeigen sich manchmal auch in Störungen oder zunächst unauffälligen Aspekten im Therapieverlauf. Eine Aufmerksam-

125 Sinapius P (2010a)

keit, die auch diese Aspekte berücksichtigt, fördert einen explorativen und spielerischen Umgang mit ungewohnten Perspektiven und daraus gewonnen Erkenntnissen.

Die bereits charakterisierte *Aufmerksamkeit* erfordert Sensibilität und wache Anspannung. Sie orientiert sich am Prozess, am entstandenen Objekt und an vorhandenen Einlassungen und Rahmenbedingungen. Bestimmte Teilaspekte können schrittweise selektiert werden, sodass sich Beschreibung und die damit einhergehende Reflexion langsam verdichtet. Neues und Fremdartiges aus den Rändern des Prozesses können zugelassen und differenzierter wahrgenommen werden, als es im Alltag der eigenen Lebenswelt möglich ist. Eine derartig handlungsbezogene und aufmerksame Wahrnehmung kann eingeübt werden. Mithilfe einer interessensbasierten Fokussierung werden Aspekte entdeckt und vertieft, die Anerkennung und genauere Untersuchung benötigen. Mit dieser Zuspitzung wird aus Vielschichtigem Relevantes für die therapeutischen Anliegen der Patient*innen hervorgebracht.

Mithilfe des auf das Künstlerische ausgerichteten Austauschs im gemeinsamen Nach- und Miterleben werden Differenzen individuell beteiligter »Sprachwelten« der Patient*innen und Kunsttherapeut*innen gemindert.

Durch das Sprechen über alles, was erscheint, was wahrgenommen und gestaltet wird, können individuelle Perspektiven untersucht werden, wodurch sowohl das Verständnis für sich selbst als auch für andere Sichtweisen ermöglicht wird. Zuvor erprobte phänomenologische Sprechweisen verschaffen dem künstlerisch-ästhetischen Prozess Geltung. Dieses Vorgehen wird zum Ausgangspunkt von Veränderung und Entwicklung der Patient*innen.

Der künstlerische Prozess ist – in der Kunsttherapie, wie in der Bildenden Kunst – nicht vorhersagbar. Er hat kontingente und unbestimmte Qualitäten, die künstlerische Prozesse generell aufweisen. Die Unterschiede im therapeutischen Anwendungskontext zeichnen sich durch die spezifische Rahmung im häufig kunstfernen Behandlungskontext, die therapeutische Reflexion und den Rückbezug von Erkenntnissen auf die Lebenswelt der Patient*innen aus. Die sprachliche Begleitung orientiert sich an Handlungen, Erfahrungen und Wahrnehmungen der Patient*innen und bedarf der Vorbereitung. Aus einer Haltung des Nicht-Wissens heraus kann eine solche sprachliche Begleitung unerwartete Einsichten bei Patient*innen fördern.

5. Vorlesung
Praxis und Rezeption in der phänomenologischen Kunsttherapie

In der fünften Vorlesung findet die Reihe »Die phänomenologische Kunsttherapie: Wahrnehmen, Handeln und Reflektieren mit Kunst« ihren Abschluss. Dafür werden die Inhalte der vorhergehenden Vorlesungen mit einer kunsttherapeutischen Übung verknüpft. Neben der Darstellung aufeinanderfolgender Interventionsschritte werden auch Bezüge zu den anderen Vorlesungen hergestellt.

Für diese Übung kann ein Alltagsgegenstand verwendet werden, der aus dem Kontext der aktuellen Umgebung der Leser*innen ausgesucht wurde (siehe Interventionsschritte).

Ziel ist es, den Leser*innen durch die konkrete Umsetzung der Intervention eine Vorstellung davon zu vermitteln, welche Erfahrungen mit einem phänomenologischen kunsttherapeutischen Ansatz angeregt werden können, ohne dass diese Übung einer kunsttherapeutischen Begleitung gleichgestellt wird. Sie unterscheidet sich von einer therapeutisch begleiteten Intervention durch eine niedrigschwellige selbsterfahrungsorientierte Perspektive. Mithilfe des Erprobens der Übung kann erfahren werden, welche Relevanz eigenes Wahrnehmen und Handeln im künstlerisch-ästhetischen Prozess für Entwicklung und Veränderung haben kann.

Im begleiteten Nachvollziehen der kunsttherapeutischen Reflexion wiederum vertieft und differenziert sich die Wirkung einer Intervention. Die Intersubjektivität des therapeutischen Prozesses findet in einer wechselseitigen Verständigung der Beteiligten über den Prozess statt. Sie beruht auf verbaler als auch nonverbaler Kommunikation und Artikulation und bezieht sich auf die Interaktion der kunsttherapeutischen Triade Werk/Prozess, Patient*in und Kunsttherapeut*in.

In der folgenden Übung steht die produktive Verknüpfung von Wahrnehmung, Handlung und Erfahrung im Zentrum, die sich in einer ästhetischen Exploration sowie in deren Bezügen zur aktuellen Lebenswelt der Ausführenden ausdrückt.

Übung mit einem Alltagsgegenstand

Kunsttherapie mit Alltagsgegenständen bedient sich Dingen, die primär durch ihre alltägliche Verwendung und Funktion charakterisiert sind. Werden diese in andere Kontexte eingebettet, erscheinen sie dort zunächst fremd und erzeugen einen Aufmerksamkeits- und Perspektivenwechsel. Vertrautes wird neu wahrgenommen.

Ein Gegenstand wird aus seinem Funktionskontext herausgelöst und künstlerisch-ästhetisch erkundet. Die Aufforderung einen Gegenstand außerhalb seiner ursprünglichen Funktion zu erkunden, steigert Aufmerksamkeit und öffnet für unerwartete Sichtweisen. Die Wahrnehmung kann sich neu ausrichten, differenzieren, vertiefen und die Sensibilität erhöhen. Der explorative Umgang führt implizit zu einem Abstraktionsvorgang, bei dem Bedingungen und Eigenschaften des Kontexts, aus dem der Gegenstand ursprünglich stammt, verlassen werden, um neue, weniger kontextuell-gebundene Bezüge herzustellen. Der Gegenstand wird zum Medium neuer Sinneswahrnehmungen, die nicht an seinen Gebrauch gebunden sind. So entsteht eine veränderte Rezeption, die sich einer referenzarmen experimentellen Auseinandersetzung mit dem Gegenstand und seinen Qualitäten widmet.

Aus einer performativen Perspektive ist diese Übung ereignishaft. Diese Ereignishaftigkeit zeichnet sich durch ihre zeit-, situations- und personengebundenen und zugleich kontingenten Qualitäten aus. So erhält die ästhetische Erkundung eine ungewohnte Gegenwärtigkeit und andersartige Bedeutung. Dabei wird eine nicht wiederholbare künstlerisch-ästhetische Wirklichkeit hervorgebracht, die für die persönlichen Erkenntnisprozesse relevant wird.

Die Versprachlichung dieses Prozesses orientiert an der phänomenologischen Reduktion. Dabei werden Vorannahmen zurückgestellt und vor allem die ästhetischen Qualitäten des Gegenstandes in Worte gefasst. Alltägliche und situative Einflussfaktoren während der Übung dienen als zusätzliche Bezugsinstanzen für eine Reflexion. Diese wahrnehmungs- und handlungsorientierte Reflexionsweise ermöglicht eine Neugestaltung des Kontexts, in dem sich der Gegenstand aufhält. Durch den Transfer der aus der Übung hervorgegangenen Einsichten auf die aktuelle Lebenssituation durch die übenden Leser*innen werden unerwartete Perspektiven möglich.

Anleitung

Schritt 1

Einleitung
Nehmen Sie sich Zeit, um herauszufinden, welche Fragen oder Themen Sie gerade bewegen. Formulieren Sie daraus eine Fragestellung! Diese Frage sollte mit einem echten Anliegen verbunden und nicht spekulativ sein. Nur in diesem Falle kommen Sie zu relevanten Einsichten.

Was bewegt Sie? Vor welcher Frage stehen Sie? In welchem Lebensbereich sind Entscheidungen gefragt? Welcher Lebensbereich ruft nach Veränderung, wo erleben Sie Unsicherheiten und Ängste?

Bitte schreiben Sie eine oder bis maximal drei Fragen auf. Diese schriftlich niederzulegen ist ein notwendiger Teil der Übung. Wenn Sie dies getan haben: Bitte falten Sie das Blatt und legen Sie es beiseite. Schauen Sie während der Durchführung der Übung nicht auf das Blatt. Für die nächsten Schritte der Übung »vergessen« Sie Ihre Frage, um offen und spielerisch in die Übung zu starten.

Schritt 2

Bitte wählen Sie nun einen Gegenstand aus, den Sie in Ihrer Umgebung finden oder den Sie mit sich tragen: aus Ihrer Tasche, vielleicht einen Stift, den Sie mögen; einen Talisman, den Sie immer dabeihaben; ein

Schmuckstück, das Sie an etwas Schönes erinnert. Es kann auch ein handhabbarer Einrichtungsgegenstand sein.

Zu welchem der Gegenstände, den Sie bei sich haben oder den Sie in Ihrer Umgebung entdecken, fühlen Sie sich spontan hingezogen? Welchen möchten Sie gerne betrachten und erkunden? Sie müssen Ihre Wahl nicht begründen. Gehen Sie spontan, nicht etwa planvoll vor.

Schritt 3

Bitte nehmen Sie diesen Gegenstand nun zur Hand und erkunden Sie ihn!

Ihre Wahrnehmung kann sich auf die sichtbaren, aber auch auf anders sinnlich erfahrbare Qualitäten des Gegenstandes beziehen. Werden Sie Expert*in für die sinnliche Wahrnehmung dieses Gegenstandes!

Nutzen Sie Ihre Sinne: Tastsinn (rau, glatt, warm, kalt, kantig, rund usw.), Geruch (metallisch, süß, bitter), Geschmack, wenn der Gegenstand es erlaubt; Aussehen: visuelle Qualitäten (kaltes Blau, warmes Rot, warmes Grau) oder Klang (wie klingt der Gegenstand, wenn Sie ihn berühren: klimpernd, summend, knisternd, raschelnd? Oder: Wie klingt es, wenn Sie mit dem Gegenstand klopfen oder diesen auf dem Tisch reiben?) Kann man mit dem Gegenstand etwas Absurdes tun? Sehen Sie sich bitte den Gegenstand nochmals an und erforschen ihn auf eine Weise, für die er nicht gemacht ist.

Hat er einen bestimmten Geschmack oder eine bestimmte Temperatur? Ist er weich oder hart, kalt oder warm? Kann man sich an ihn anlehnen oder den eigenen Körper mit ihm in bestimmten Bewegungen und Positionen einsetzen? Wie reagieren Sie in Ihrer Bewegungsfähigkeit auf den Gegenstand? Werden Sie vorsichtig, zögerlich oder mutig, wenn Sie diesen anfassen, sich auf diesen beziehen oder bei sich tragen? Erfordert der Gegenstand Kraft, um gehalten zu werden, oder ist er leicht?

Erforschen Sie den Gegenstand, ohne zu berücksichtigen, wofür er ursprünglich verwendet wurde. Welche neuen und unerwarteten Qualitäten können Sie entdecken? Beziehen Sie sich ausschließlich auf Aspekte, die sich in diesem gegenwärtigen Moment offenbaren und schreiben Sie sie bitte als Eigenschaften auf. Sammeln Sie diese neuen Eigenschaften und wählen Sie fünf der interessantesten aus! Markieren Sie diese Auswahl.

Sie haben den Gegenstand erforscht. Diese Erkundung führt zu Qualitäten Ihrer individuellen Wahrnehmung, die Sie am meisten interessieren. Dies ist der Ausgangspunkt für den nächsten Schritt der Übung.

Schritt 4

Personifizierung

Wenn der Gegenstand eine Stimme hätte, was würde er über sich selbst sagen? Wenn er gefragt werden würde, welche Fähigkeiten oder Eigenschaften er hat, was würde er sagen?

Spielen Sie bitte mit dieser Personifizierung! Schreiben Sie bitte die Aussagen auf und heben Sie die drei wichtigsten Aussagen hervor.

Schritt 5

Nach der bisherigen Erkundung und Personifizierung des Gegenstandes, suchen Sie nun bitte nach einer passenden Umgebung für den Gegenstand! Bewegen Sie sich dafür im Raum. Erkunden Sie diesen und alles, was Sie darin vorfinden. Probieren Sie verschiedene Positionen und Umgebungen für den Gegenstand aus (mindestens 2–3). Positionieren Sie diesen in den Umgebungen, fotografieren Sie diese Situation und wählen Sie dann die interessanteste aus!

Nachdem Sie eine Umgebung für Ihren Gegenstand gewählt haben, erforschen Sie diese auf ähnliche Weise, wie zuvor Ihren Alltagsgegenstand. Gehen Sie bitte von Ihren sinnlichen Wahrnehmungen in der aktuellen Situation aus.

Welche Eigenschaft hat die Umgebung? Was nehmen Sie wahr? Schreiben Sie diese Eigenschaften. Wählen Sie die fünf interessantesten Eigenschaften aus. Markieren Sie diese.

Wenn Sie alle diese Erkundungen abgeschlossen haben, die interessantesten Eigenschaften markiert haben, kommen Sie nun zum nächsten Schritt.

Schritt 6

Wie hat sich Ihr Gegenstand in der neuen Umgebung verändert? Was tritt nun als neue Eigenschaft des Gegenstandes hervor? Schreiben Sie bitte diese neuen Eigenschaften auf. Wenn Sie dies getan haben, wählen Sie drei der interessantesten Eigenschaften aus und markieren Sie diese.

Schritt 7

Sie haben verschiedene Situationen, Umgebungen und Eigenschaften des Gegenstandes erkundet.

Die interessantesten Eigenschaften, die Sie am Gegenstand wahrgenommen haben, stehen in Verbindung mit Eigenschaften der Umgebung, die Sie ausgesucht haben.

Welchen Erkenntniswert haben diese Eigenschaften und die Personifizierung des Gegenstandes? Beschreiben Sie diese.

Verbinden Sie nun bitte Ihre Aufschriebe, Eigenschaften und Aussagen und fassen Sie sie in einem Text zusammen. Eine Seite reicht für diesen Schritt aus.

Nun folgt der letzte Schritt der Übung:

Nehmen Sie nun die Ausgangsfrage vom Anfang zur Hand. Beziehen Sie Ihre Zusammenfassung auf Ihre Ausgangsfrage.

Können Sie etwas mit dieser Aussage anfangen?

Macht Ihr Text für Ihr Anliegen Sinn?

Lassen Sie diese Verknüpfungen bitte einen Moment wirken. Schreiben Sie nun Ihre Einsichten und Erkenntnisse auf. Lassen Sie die Übung und Ihren Text nachwirken:

Was haben Sie mithilfe dieser Übung über sich erfahren? Was haben Sie dadurch in Bezug auf Ihr Anliegen gelernt?

Responsivität, Resonanz und Rezeption

»Denn der Mensch hat zu sich selbst ein umwegiges Verhältnis, eines der Selbstentäußerlichkeit. Der Mensch begreift sich nur über das, was er nicht ist, hinweg.«[126] Dieses Zitat von Hans Blumenberg, einem deutschen Philosophen, lässt sich auf die vorangehende Übung beziehen. Sie legt über den ausgewählten Alltagsgegenstand einen umwegigen Selbst- und Weltbezug an, der neue Sichtweisen auf die eigene Welterfahrung zulässt. Indem die Leser*innen sich auf einen Gegenstand aus ihrer Umgebung bezogen haben, sind sie zu einer neuen Perspektive über ihr eigenes Weltverhältnis gelangt.

Responsivität

Interessanterweise scheinen die uns umgebenden Dinge eine Sprache zu haben, auf die wir reagieren. Ganz im Wortsinn des »Angesprochenseins« ist dies eine sinnliche und nicht wörtliche Sprache.

> »Es beginnt damit, dass uns etwas oder jemand anreizt, verlockt, bedroht, herausfordert und anspricht, bevor wir uns selber Ziele setzen oder allgemeine Normen anwenden.«[127]

Das Angesprochenwerden durch einen Gegenstand ist der Ausgangspunkt der Übung gewesen. Leser*innen haben diesen ausgewählt, sich ihm gewidmet und näher erkundet. Bernhard Waldenfels (geb. 1934), ein deutscher Philosoph und Phänomenologe, prägte für dieses von etwas Angesprochensein den Begriff der »Responsivität«.

Responsivität bezeichnet ein menschliches Antwortengeschehen, dass spontan mit individuellen Verhalten, Handlungen und Sinneswahrnehmungen auf äußere Reize aus der umgebenden Welt reagiert, ohne diese Reaktion mit eigenen Normen und Zielen abzugleichen und sie einzubeziehen. Waldenfels sieht darin einen »Grundzug, der unser gesamtes

126 Blumenberg H (1981), S. 134
127 Waldenfels B (2010), S. 71 f.

Verhalten zur Welt« prägt.[128] Eine Response, eine zum Prozess der Responsivität gehörende, konkrete Antworthandlung, bezieht sich auf die jeweilige situative Umgebung und unterstellt eine Wechselseitigkeit dieses Bezugs.[129] Das Ding, der Gegenstand, das Material oder die Umgebung scheinen uns etwas zu »sagen«; sie sprechen uns an, teilen uns etwas mit.

In der Übung, aber auch mithilfe anderer künstlerisch-therapeutischer Interventionen, kann dieser von Waldenfels herausgearbeitete Grundzug des menschlichen Verhaltens in die kunsttherapeutische Reflexion einbezogen werden. Dabei werden nicht nur Verhalten und Handlungen fruchtbar gemacht, sondern schon die Wahrnehmung einer bestimmten Situation, bevor wir uns verhalten oder handeln, ist richtungsweisend.

Rezeption

Der Begriff Rezeption bezeichnet die Aufnahme von spezifischen äußeren Reizen. In der Bildenden Kunst ist es die Wahrnehmung, die diese äußeren Reize und Inhalte der Kunstwerke aufnimmt. In diese Werke ist die künstlerische Praxis der Künstler*innen implizit immer schon eingelassen.

Rezeption ist individuell gefärbt, da jeder Mensch spezifische Reizantworten auf seine Umgebung bereithält. Diese sind von Ansprechbarkeiten, Sensibilitäten und Interessen beeinflusst. In einem erweiterten Sinne des Konzepts der »Kunst als Erfahrung«[130] von Dewey stehen Erfahrung, Handlung und Wahrnehmung in einer untrennbaren Wechselwirkung. Dabei ist die Wahrnehmung der rezeptive Teil des künstlerisch-ästhetischen Tuns – in der Kunst wie auch in der Kunsttherapie.

Resonanz

Hartmut Rosa entfaltet in seinem Buch »Resonanz. Eine Soziologie der Weltbeziehung« ein weiteres Konzept der menschlichen Welterfahrung.

128 Waldenfels B (1997), S. 81
129 Flatscher M (2011), S. 104
130 siehe 1. Vorlesung: »Der Begriff der Erfahrung«, Dewey J (1980)

Er schreibt der Welterfahrung des Menschen eine spezifische Dynamik zu. »Die Welt kommt auf das erfahrende Subjekt zu – und dieses geht (handelnd und erschließend) in die Welt hinein. Weltverhältnisse lassen sich danach unterscheiden, von wo (in der jeweiligen Welterfahrung) die primäre Bewegung ausgeht.«[131]

Rosa unterscheidet in eine primäre *pathische* Form, die eine den subjektiven Zielen und Intentionen vorausgehende Weltaneignung ist. Auf diese reagiert der Mensch spontan, ohne die Reaktion willentlich zu lenken oder gezielt zu antworten. Die *intentionalistische* sekundäre Form der Weltaneignung ist absichtsvoll und gerichtet. Sie wird weniger »erlitten« als die pathische, da der Zugang zur Welterschließung vom Menschen selbst ausgeht und gestaltet wird. Das individuelle Weltverhältnis bedient sich beider Perspektiven, der *pathischen* und der *intentionalistischen,* und verknüpft diese. In Abhängigkeit von situativen Einflüssen prägen diese Perspektiven in variierenden Verhältnissen die subjektive Welterfahrung.[132]

»Resonanz« erfahre der Mensch, so Rosa, wenn er sich Dinge, Situationen und Beziehung anverwandelt. Dieser Prozess erfordere Zeit und zugleich die Bereitschaft, sich auf Dinge, Situationen und Beziehungen einzulassen, sich dabei zu verändern, ja »sich gleichsam aufs Spiel zu setzen«[133]. Die Anverwandlung eines jeden Menschen gründe auf eben dieser Resonanzerfahrung, über die der Mensch seine Umgebung beeinflusse und sich zugleich als selbstwirksam erlebe. Sie benötige Aufmerksamkeit, Gestaltungswille, ästhetische Ansprechbarkeit und Energie. Zugleich verwehren sich Resonanzerfahrungen der individuellen Kontrolle, da sie weder materiell noch zeitlich verfügbar sind.[134] Sie können nicht konsumiert werden.

Die Begriffe der Resonanz und der Anverwandlung können im kunsttherapeutischen Anwendungsfeld geltend gemacht werden. Künstlerisch-therapeutische Interventionen ermöglichen solche von Rosa beschriebenen Resonanzerfahrungen. Sie sind – trotz aller struktureller und

131 Rosa H (2016), S. 211
132 Rosa H (2016), S. 211–212
133 Rosa H (2016), S. 432
134 ebenda

planerischer Vorgehensweisen – in ihrer individuellen Umsetzung unverfügbar, weil sie subjektiv anverwandelt werden. Dabei fordern sie subjektive Wahrnehmungs- und Handlungsantworten heraus, zum Beispiel wenn ein Alltagsobjekt durch seine zweckferne Erkundung zum Träger bisher kaum berücksichtigter Eigenschaften und Erfahrungen wird. Diese veränderte Perspektive kann Impulse für die persönliche Entwicklung der Patient*innen bereithalten.

Reflexion der phänomenologischen Kunsttherapie

Im Folgenden werden einige Grundgedanken der vorhergehenden Vorlesungen auf die vorangehende Übung bezogen, so dass ein praxisorientiertes Verständnis der phänomenologischen Kunsttherapie möglich ist.

Bezüge zu 1. Vorlesung

Der Einsatz von Alltagsgegenständen hält vielfältige mediale und modale Bezüge für die kunsttherapeutische Reflexion bereit. Bild, Plastik, Klang, Geruch; bewegungsbezogene, künstlerische Medien; visuelle, akustische, räumliche, haptische und olfaktorische Sinneswahrnehmungen werden zugelassen. Durch gezielt angeleitete Medien- und Modiwechsel[135] entstehen Verfremdungseffekte, die die Aufmerksamkeit beteiligter Akteur*innen lenkt und so verändert. Die Personifizierung der Gegenstände[136], aber auch situative Einflüsse des Umgangs mit den Alltagsobjekten, z. B. durch die Verortung im Raum[137] und die damit einhergehende Dif-

135 siehe 1. Vorlesung: »Performativität und Intermedialität«
136 siehe 2. Vorlesung: Schritt 4
137 siehe 2. Vorlesung: Schritte 5 und 6

ferenzerfahrung, sensibilisieren und vertiefen Wahrnehmung[138] und Selbstbezug der Akteur*innen zusätzlich.

Ein Alltagsobjekt mithilfe dieser künstlerisch-ästhetischen Perspektive zu verfremden, ermöglicht es, gewohnte Einstellung zu überdenken. Patient*innen sind Expert*innen für ihr eigenes Handlungs- und Erfahrungswissen im künstlerischen Prozess. Mithilfe der Dezentrierung[139], der zeitweiligen Abwendung vom therapeutischen Anliegen, und dem an der phänomenologischen Epoché orientierten Zugang[140] werden offene und explorative Annäherungen an Werk, Erfahrung und Prozess in der kunsttherapeutischen Begleitung möglich.

Bezüge zu 2. Vorlesung

Mit dem Einbezug unterschiedlicher Medien und deren wechselseitigen Bezügen, wie beispielsweise Raum, Bewegung und Farbe,[141] wird ein intermediales Reflexionsfeld in der Kunsttherapie eröffnet. Die eigene Bewegung bei der Durchführung der Übung und die Bewegungen des Objekts im Raum sind immer auch mit Veränderungen der eigenen Ausgangsposition verknüpft. Sie führen zu neuen Perspektiven im Hinblick auf die bisherige Verortung. So wird Bekanntes in Frage gestellt und Unerwartetes möglich. Dies entspricht Alain Badious Vorstellung einer Wahrheitsprozedur[142], die hier auf die Kunsttherapie bezogen wird: Bestehendes Wissen wird durch die künstlerisch-ästhetische Erkundung in der Kunsttherapie überschrieben und damit aktualisiert. »Das Ereignis wird im Rahmen einer Intervention zum Ausdruck gebracht, die eine bestehende Situation neu beschreibt. Dieses Umschreiben der Verhältnisse braucht (Aus-)Dauer, um spürbar zu werden.«[143] Die Leser*innen haben sich während ihrer Übung auf ihr unausgesprochenes Hand-

138 siehe 1. Vorlesung: »Wahrnehmung und Gestaltung«
139 siehe 1. Vorlesung: »Dezentrierung, ein intermediales Modell«
140 siehe 1. Vorlesung: »Die Phänomenologie in der Kunsttherapie«
141 siehe 2. Vorlesung: »Eine kunsttherapeutische Intervention mit Alltagsgegenständen«, »Erweiterte Perspektiven auf Alltagsgegenstände«
142 siehe 2. Vorlesung: »Kunsttherapeutische Wahrheitsprozeduren«
143 Wendland J (2016), S. 29

lungswissen bezogen und konnten im Rückblick darauf Aussagen formulieren, die für ihre Ausgangsfrage relevant wurden.

Bezüge zu 3. Vorlesung

Die Rahmung der Übung gab für die übenden Leser*innen eine Struktur[144] vor, innerhalb der sie zu unterschiedlichen Umsetzungen gelangt sind. Die Struktur der Intervention diente der Orientierung in einem ungewohnten Handlungsverlauf, einem ergebnisoffenen und einem experimentellen Vorgehen mit künstlerisch-forschenden Charakter. Der Körper der Leser*innen[145] diente dabei als Medium[146] und Umschlagplatz von Wahrnehmung und Erfahrung. In diesem handelnden Selbstbezug wurden Ressourcen angesprochen und Selbstwirksamkeitserfahrungen möglich.

Bezüge zu 4. Vorlesung

Jens Wendland verknüpft in seinem Zitat Zeichnen mit einer Form des Beschreibens der Dinge, die wir um uns herum wahrnehmen:

> »Das Benennen der Dinge braucht einen Wort-Schatz, eine reiche und feinsortierte Palette an Begriffen und Wendungen. In seinem Zugewandtsein hat der sich die Dinge Erschreibende Gelegenheit seinem Gegenstand nahezukommen, ihn sich zuzuwenden. Die Zuwendung zu den Dingen führt zu einem Bezeichnen der Dinge, besser gesagt: zu einem Zeichnen der Dinge.«[147]

144 siehe 3. Vorlesung: »Erkenntnis vom Körper her: Verkörperung und Implizites Wissen«

145 siehe 3. Vorlesung: »Material und Körper als Medien«, »an der Hand auf dem Seil spazieren gehen«, »Eine Assemblage aus Körper und Material: Material Agency«, »Erkenntnis vom Körper her: Verkörperung und Implizites Wissen«

146 siehe 3. Vorlesung: »Material und Körper als Medien«, »Erkenntnis vom Körper her: Verkörperung und Implizites Wissen«

147 Wendland J, (2016), S. 118

Auch auf diesem Hintergrund ist Sprechen – wenn wir es als ein Beschreiben der Dinge praktizieren –[148] eine künstlerische Handlung, die poetische Qualitäten aufweist und Wirklichkeit nicht nur erfasst, sondern auch hervorbringt. Mit einer das Unerwartete einbeziehenden staunenden Haltung werden Aufmerksamkeits- und Perspektivenwechsel[149] begünstigt. Eine intermediale Vielfalt kann mithilfe von responsiven und resonanten Zugängen wahrgenommen, reduziert und vertieft werden. Das entspricht dem von Rosa beschriebenen Prozess der Anverwandlung. Der Selbstbezug stellt sich mithilfe der sinnlichen Erkundungen eines Alltagsgegenstandes und seiner Verortungen ein und trägt im Transfer auf die individuellen Fragestellungen vom Beginn der Übung Früchte.

Durch die vorangehende Übung kann der phänomenologische Ansatz in seiner Wirkung erfahrbar werden. Diese beruht auf handlungs- und kunstbezogenen Perspektiven. Die Übertragung der Erfahrungsinhalte auf eigene Fragestellungen beruht auf der Bereitschaft, mithilfe »künstlerischer Umwege« über sich selbst und eigene Fragen, Motive und Anliegen handelnd nachzudenken.

148 siehe 4. Vorlesung: »Sprechen in der Kunsttherapie«, »Sprechen und Erschaffen«, »Aufmerksamkeit im kunsttherapeutischen Sprechen«

149 siehe 4. Vorlesung: »Sprechen in der Kunsttherapie«, »Sprechen und Erschaffen«, »Aufmerksamkeit im kunsttherapeutischen Sprechen«

Epilog

Die Verknüpfung der dargestellten kunstbasierten Perspektiven der phänomenologischen Kunsttherapie mit einer Anerkennung des Abwegigen und Unvernünftigen im menschlichen Leben setzt sich darin fort, dass genau in dieser Offenheit Veränderung und Entwicklung in der Therapie ihren Ausgang nehmen können. Brüche, wie sie sich in der Erfahrung des Fremden und Verstörenden während einer Krise und im künstlerischen Tun in der Kunsttherapie zeigen, können Quellen für transformatorische Erfahrungen sein. »In dem entstehenden Spalt liegt der Kern dessen, was wir als Inspiration bezeichnen und was damit die Voraussetzung des Schöpferischen bildet.«[150]

Eine künstlerisch-ästhetisch fundierte Kunsttherapie eröffnet im großen Feld der konventionellen und komplementären Therapieformen einen erfahrungs- und handlungsbasierten Ansatz, der in den Bildenden Künsten beheimatet ist und therapeutisch wirksam wird. Im Sinne einer wissenschaftlichen Methodenangemessenheit bedarf es hier zukünftig mehr kunstbasierter und kunstorientierter Grundlagenforschung.[151]

Künstlerische Forschung in der Kunsttherapie berücksichtigt sowohl künstlerische als auch nicht-künstlerische Medien sowie die spezifischen kunst- und kunsttherapiebezogenen Rahmenbedingungen des Feldes. Ihr Ziel ist es, die spezifische therapeutische Wirksamkeit künstlerischer Prozesse nachvollziehbar darzustellen. Im Sinne des gesetzlich verankerten Patient*innenschutzes im kunsttherapeutischen Arbeitsfeld sind daher mehr kunstbasierte Forschungsprojekte wünschenswert. Diese

150 Wendland J (2018), S. 160
151 Frascati Manual (2022)

sollten die therapeutische Wirkung der Bildenden Künste in strukturierten und transparenten Forschungssettings beschreiben und untersuchen.

Der menschliche Körper spielt dabei als Medium und Schnittstelle für Wahrnehmung, Handlung und Erfahrung eine zentrale Rolle. Die phänomenologische Kunsttherapie verfolgt einen körper- und kunstzentrierten Ansatz in Therapie und Forschung. Künstlerische Forschung sowie körperbezogene Perspektiven der Kunsttherapie tragen dazu bei, Forschung und ihre Ergebnisse erfahrungsnah zu vermitteln, sodass sie im Feld ihrer Anwendung von allen beteiligten Berufsgruppen und auch darüber hinaus vermittelt und einbezogen werden können.

Literatur

Álvarez-Vázquez JY (2010) Frühentwicklungsgeschichte der phänomenologischen Reduktion: Untersuchungen zur erkenntnistheoretischen Phänomenologie Edmund Husserls. FreiDok, Freiburg urn:nbn:de:bsz:25-opus-74421 [Zugriff 16.09.2024].

Anscombe GEM (2000) Intention. Cambridge, Massachusetts, London: Harvard University Press

Antonovsky A (1987) Unraveling the mystery of health. How people manage stress and stay well. San Francisco: Jossey-Bass.

Arbeitsgemeinschaft Humanistische Psychotherapie (2024) https://aghpt.de/. [Zugriff 03.01.2024].

Arte Povera (2024) Art in Words. https://artinwords.de/arte-povera/. [Zugriff am 03.08.2024].

Autsch A, Hornäk S (2017) (Hg.) Material und künstlerisches Handeln. Positionen und Perspektiven in der Gegenwartskunst. Bielefeld. transcript.

Badiou A (2015) Das Lob der Liebe. Wien: Passagen Verlag.

Badura J, Dubach S (2015) Denken/Reflektieren. (im Medium der Kunst). In: Badura J, Dubach, Haarmann A, Mersch D, Rey A, Schenker Ch, Pérez GT (Hg.) Künstlerische Forschung. Ein Handbuch. Zürich: diaphanes.

Bennett J (2010) Vibrant Matter: A Political Ecology of Things. Duke University Press. https://doi.org/10.2307/j.ctv111jh6w. [Zugriff am 10.08.2024].

Bermes Ch (2004) Maurice Merleau-Ponty. Zur Einführung. Hamburg: Junius.

Bippus E (2016) Teilhabe am Wissen. »Part-of Relation« oder performative Forschung im Feld der Kunst. p|art|icipate KULTUR AKTIV GESTALTEN. Issue 07. eJournal des Programmbereichs Contemporary Art & Cultural Production. Schwerpunkt Wissenschaft & Kunst, Universität Salzburg in Kooperation mit der Universität Mozarteum.

Blumenberg H (1981) Anthropologische Annäherung an die Aktualität der Rhetorik. In Blumenberg H (Hg.) Wirklichkeiten, in denen wir leben. Frankfurt: Suhrkamp.

Bolt B (2016) Artistic Research. A Performative Paradigm? PARSE. Repetitions and Reneges: Issue 3, Summer 2016: https://parsejournal.com/article/artistic-research-a-performative-paradigm/. [Zugriff am 20.09.2021].

Bonnemann J (2016) Die leibliche Widerfahrnis der Wahrnehmung. Eine Phänomenologie des Leib-Weltverhältnisses. Paderborn: Brill mentis.

Bube A (2008) Die Neuentdeckung des Gewöhnlichen – über die lebensweltliche Relevanz der Kunsterfahrung. In Kongress-Akten der Deutschen Gesellschaft für Ästhetik. Band 1: Ästhetik und Alltagserfahrung.

Bube A (2017) Alltagsgegenständliche Kunst und ihr Erkenntnis- und Wirkungspotential. Reflexionsprozesse und konkrete Erfahrung. Peter Lang Edition: Frankfurt/M.

Buchholz M (2012) Die horizontale Dimension des Unbewussten. Gruppenpsychotherapie und Gruppendynamik 48(1) Göttingen: Vandenhoeck & Ruprecht.

Cixous H (1991) Coming into writing and other essays. Harvard University Press.

Clay J (1968) Albers Josef's Coats of Many Colours. In: Réalités, März 1968. Verlag nicht ermittelbar.

Cordez Ph, Krüger M (2012) (Hg.) Werkzeuge und Instrumente. Berlin: Akademie.

Cragg T (2011) Mit den Augen berühren, mit den Händen sehen. Bildhauerische Prozesse. In Reuther G, Bilstein J (Hg.) Auge und Hand. Oberhausen: Athena.

Dewey J (1980) Kunst als Erfahrung. Frankfurt/M.: Suhrkamp.

Eberhardt H, Knill P (2010) Lösungskunst. Lehrbuch der kunst- und ressourcenorientierten Arbeit. Göttingen: Vandenhoeck und Ruprecht.

Eichenberg C (2006) Bausteine der Psychotherapie: »Salutogenese und Resilienz«. Seminar: »Gesundheit und Krankheit« Präsentation. Institut für Klinische Psychologie und Psychotherapie Universität zu Köln.

Faltermaier T (2023) Salutogenese. In: Bundeszentrale für gesundheitliche Aufklärung (BZgA) (Hrsg.). Leitbegriffe der Gesundheitsförderung und Prävention. Glossar zu Konzepten, Strategien und Methoden. https://doi.org/10.17623/BZGA:Q4-i104-3.0. [Zugriff am 20.02.2023].

Fingerhut J & Prinz JJ (2018) Wonder, Appreciation, and the Value of Art. Progress in Brain Research 237, 107–128. doi: 10.1016/bs.pbr.2018.03.004. [Zugriff am 20.09.2025].

Fischer-Lichte E (2004) Ästhetik des Performativen. Frankfurt/M: Suhrkamp.

Flatscher M (2011) Antwort als Verantwortung. Zur Dimension des Ethisch-Politischen in Waldenfels' Phänomenologie der Responsivität. Etica & Politica/ Ethics & Politics, XIII.

Flusser V (1993) Dinge und Undinge. Phänomenologische Skizzen. Klappentext, Edition Akzente, München: Hanser.

Frascati Manual (2022) https://www.oecd-ilibrary.org/docserver/d686818d-en.pdf?expires=1692371076&id=id&accname=guest&checksum=D3B910AC09F25D66204135F103D6AF58. [Zugriff am 18.08.2023].

Fuchs T (2022) Verteidigung des Menschen. Grundfragen einer verkörperten Anthropologie. Berlin: Suhrkamp.

Fuchs T (2014) Verkörperung als interdisziplinäres Paradigma. Verkörperung – ein anschlussfähiges Paradigma. https://www.marsilius-kolleg.uni-heidelberg.de/

md/einrichtungen/mk/publikationen/mk_jb_13_14_12_verkoerperung_-_ein_anschlussfaehiges_paradigma.pdf. [Zugriff am 28.11.2021].

Gemeinschaftskonzept (2022) Studiengruppe 2022, Aufbaustudiengang Kunst-Therapie, Ausstellung Be-/-Rührung. Eröffnung am 16.07.2022 in der Fakultät II der Hochschule für Bildende Künste Dresden.

Gödde G, Buchholz MB (2011) Unbewusstes. Buchreihe: Analyse der Psyche und Psychotherapie. Gießen: Psychosozial Verlag.

Gommel S (2014) Kunstlexikon. Die Kunst der Performance. https://www.hatjecantz.de/blogs/kunstlexikon/die-kunst-der-performance. [Zugriff am 15.03.2024].

Haraway D (2007) Situiertes Wissen. Die Wissenschaftsfrage im Feminismus und das Privileg einer partialen Perspektive. In Hark S (Hg.) Dis/Kontinuitäten: Feministische Theorie. Opladen: Leske+Budrich: 305–22.

Hartle JF (2021) In Verteidigung der Wahrheit. Alain Badious Ontologie der Revolution: http://www.zeitschrift-marxistische-erneuerung.de/article/900.in-verteidigung-der-wahrheit.html [Zugriff am 18.09.2023]

Heinzelmann M (Hg.) (2022) Die Kraft des Staunens. Der Neue Materialismus in der Gegenwartskunst. Einbandtext. Berlin: Dr. Cantz'sche Verlagsgesellschaft.

Hood EJ, Kraehe AM (2017) Creative Matter: New Materialism in Art Education Research, Teaching, and Learning, Art Education, 70, 32–38. https://doi.org/10.1080/00043125.2017.1274196, 2017. [Zugriff am 04.08.2024]

Hopf A (2024) Höhle, Hülle, Haus – Textilien, Farbe und Raum. Material in der Kunsttherapie. In KUNST & THERAPIE, Zeitschrift für bildnerische Therapien, 2024/1, Jg. 24, Bd. 41. Köln: Claus Richter.

Hopf A (2023) Was spricht wie? Artikulationen in der Kunsttherapie. In Hinkel C, Reichert B, Hopf A (Hg.) Sprechen–Hören–Schweigen. Die Kunst des Sprechens in den Künstlerischen Therapien. Wissenschaftliche Grundlagen Künstlerische Therapien. Band 10.

Hopf A (2021) Collage wirkt. In Hopf A (Hg.) Irritation als Methode. Collage in Kunst und Kunsttherapie. Wissenschaftliche Grundlagen der Künstlerischen Therapien. Band 9. epubli. Berlin/Hamburg: HPB University Press.

Hopf A (2019) Kunsttherapeutische Interventionen: Überlegungen zur Notwendigkeit des Eingreifens. In Schulze-Stampa C (Hg.) In/ter/ven/tion in mit durch Kunst. Reihe Kunst und Forschung der HKS Ottersberg.

Hopf A (2018) Krise und Verletzlichkeit – Ausgangspunkte des Erkenntnisgewinns und der Wissensproduktion in der Kunsttherapie. In: Sinapius P (Hg.) (2018) Intermedialität und Performativität in den Künstlerischen Therapien. Berlin/Hamburg: HPB University Press

Hopf A (2017) Rahmungen der Kunsttherapie. In: Gruber H, Schmid G, Sinapius P, Tüpker R (Hg.) Spezifisches und Unspezifisches in den Künstlerischen Therapien. Berlin/Hamburg: HPB University Press.

Hopf A (2014) Wer gestaltet mein Leben? Die kurze strukturierte Kunsttherapie (KSKT®): Entwicklung und Evaluation einer auf Collage basierenden kunsttherapeutischen Intervention in der Psycho-Onkologie. Dissertation. Prof. Dr. Arndt Büssing. Universität Witten/Herdecke.

Husserl E (2011) Ideen zu einer reinen Phänomenologie und phänomenologischen Philosophie. München: Edition Springer.

Husserl E (1962) Die Krisis der europäischen Wissenschaften und die transzendentale Phänomenologie. Husserliana VI. Den Haag: Martinus Nijhoff.

Husserl E (1950) Husserliana. Bd. XVI. Denhag: Nijhoff.

Huber HD (2018) Welterzeugung durch sensomotorisches Handeln. In: Sinapius P (Hg.) Intermedialität und Performativität in den Künstlerischen Therapien. Berlin/Hamburg: HPB University Press.

Huber HD (2010) Die Phantasie als Schnittstelle. Rough and ready 4. Edition Schnittstelle. Berlin: epubli.

Jahn H (2016) Künstlerische Dezentrierungen. Coaching als kunstanaloges Verfahren. In: Jahn H, Sinapius P (Hrsg.) Transformation. Künstlerische Arbeit in Veränderungsprozesses: Grundlagen und Konzepte. Berlin/Hamburg: HPB University Press.

Jahn H, Sinapius P (2016) Transformation. Künstlerische Arbeit in Veränderungsprozessen: Grundlagen und Konzepte. Berlin/Hamburg: HPB University Press.

Keller R (2018) Zeichentheorie. Tübingen: UTB/A. Francke Verlag.

Kirchhoff M (2009) Material Agency. Techné: Research in Philosophy and Technology. Society for Philosophy and Technology Quarterly Electronic Journal 13 (3): 206–220. https://www.researchgate.net/publication/272919703_Material_Agency. [Zugriff am 04.08.2024]

Koch SC (2017) Arts and health: Active factors and a theory framework of embodied aesthetics. The Arts in Psychotherapy 54.

Koch SC, Fischman D (2011) Embodied enactive dance movement therapy. American Journal of Dance Therapy, 33(1).

Koch SC, Fuchs T. (2011). Embodied arts therapies. The Arts in Psychotherapy, 38.

Küttel NM (2024) Material agency in art installations: exploring the interplay of art, space, and materials in Detroit. Geographica Helvetica 79 (2):149–160. https://gh.copernicus.org/articles/79/149/2024/. [Zugriff am 04.08.2024].

Lembeck K-H (1994) Einführung in die phänomenologische Philosophie. Darmstadt: Wissenschaftliche Buchgesellschaft.

Lexikon der Neurowissenschaft: Stichwort »Aufmerksamkeit«. Spektrum Akademischer Verlag, Heidelberg. https://www.spektrum.de/lexikon/neurowissenschaft/aufmerksamkeit/1072. [Zugriff am 28.11.2024].

Mark E (2019) Taktil-performative und mikrophänomenologische Forschungspraxis zur Erschließung von Wahrnehmungsprozessen. Dissertation an der Europa-Universität Flensburg. URL: https://www.zhb-flensburg.de/fileadmin/content/spezial-einrichtungen/zhb/dokumente/dissertationen/mark/dissertation-mark-2019.pdf. [Zugriff am 15.11.2023]

Merleau-Ponty, M (2003) Das Primat der Wahrnehmung. Frankfurt/M.: Suhrkamp.

Merleau-Ponty, M (1966) Die Phänomenologie der Wahrnehmung. Berlin: de Gruyter.

Merleau-Ponty, M (1947) Das Primat der Wahrnehmung und seine philosophischen Konsequenzen. Bulletin de Société francaise de Philosophie. Bd. 41. 119–153.

Metzinger T (2003) Phänomenale Transparenz und kognitive Selbstbezugnahme. In: U. Haas-Spohn (Hrsg.) Intentionalität zwischen Subjektivität und Weltbezug. mentis, Paderborn, S. 411–459. https://www.philosophie-e.fb05.uni-mainz.de/phaenomenale-transparenz-und-kognitive-selbstbezugnahme/. [Zugriff am 18.08.2024].

Miller D (2005) Materiality: An Introduction. In: Miller D (Hg.) Materiality. Durham/London: University Press

Morris R (1970) Bemerkungen zur Skulptur. 12 Texte. Einige Bemerkungen zur Phänomenologie des Machens. Zürich: JRP Ringier.

Nancy JL (2019) Wozu braucht man Kunst. Riemschneider Lecture. Transkription des Vortrags vom 14. Februar 2017 an der Staatlichen Akademie der Bildenden Künste Karlsruhe (Carolin Meister, Hg.) Köln: Walther & Franz König.

Nevelson L (2011) Awareness in the Fourth Dimension. Excerpt from the Dale Schierholt film, (00.00–01.05). https://www.youtube.com/watch?v=1V4NM0GaVgo. [Zugriff am 02.08.2024].

Niklas S, Roussel M (2013) (Hg.) Formen der Artikulation. Philosophische Beiträge zu einem kulturwissenschaftlichen Begriff. München: Wilhelm Fink.

Oehm S (2019) Worüber wir reden, wenn wir über Kunst reden. Vom Wirken der unsichtbaren Hand. Würzburg: Königshausen & Neumann.

Pelowski M, Markey PS, Forster M, Gerger G, Leder H (2017) Move me, astonish me… delight my eyes and brain: The Vienna Integrated Model of top-down and bottom-up processes in Art Perception (VIMAP) and corresponding affective, evaluative, and neurophysiological correlates. Phys Life Rev. 2017 Jul;21:80–125. doi: 10.1016/j.plrev.2017.02.003. [Zugriff am 24.09.2024].

Plessener H (1982) Mit anderen Augen. Aspekte einer philosophischen Anthropologie. Ditzingen: Reclam.

Pluth E (2012) Badiou – Eine Philosophie des Neuen. Hamburg: LAIKA.

Polanyi M (2016) Implizites Wissen. Frankfurt/M.: Suhrkamp.

Praet S (2014) Material als Akteur. Vom Leben der Stoffe. Metamorphose. https://kisd.de/materialakteur/begriffindex/metamorphose/. [Zugriff am 11.08.2024].

Puffert R (2018) Von der konzeptuellen Kunst zur künstlerischen Forschung. In Bildpunkt. Zeitschrift der IG Bildende Kunst (Wien). Nr. 45. Frühjahr 2018, »Kunst, Forschung, Politik«.

Renz M (2015) Die Kunst des Handelns. Performance Art als Element einer kunstorientierten Veränderungsarbeit. In Jahn H, Sinapius P (Hg.) Künstlerische Arbeit in Veränderungsprozessen. Grundlagen und Konzepte. HPB Press Hamburg/Berlin.

Rosa H (2018) Unverfügbarkeit. Wien: Residenz.

Rosa H (2016) Resonanz. Frankfurt/M.: Suhrkamp.

Savigny E v (2011) Sprachspiele und Lebensformen: Woher kommt die Bedeutung? In: Savigny E v (Hg.) Ludwig Wittgenstein: Philosophische Untersuchungen. Berlin: Akademie Verlag.

Schaupp A M (2018) Warum wir wissen, was wir tun. Eine Explikation des Handlungsvollzugs mit Aristoteles, Anscombe, Husserl und Wittgenstein. Edition Moderne Postmoderne. Bielefeld: transcript.

Schneider G, Toyka-Seid C (2020) BPB. Das junge Politik-Lexikon: Humanismus. https://www.bpb.de/nachschlagen/lexika/das-junge-politik-lexi-kon/161217/humanismus. [Zugriff am 24.06.2020].

Schüler R (2023) Verortung. Die Landschaft als Strukturangebot in der Kunsttherapie. Diplomarbeit. Aufbaustudiengang KunstTherapie Hochschule für Bildende Künste, Dresden: 44.

Schürmann E (2010) Die Medialität von Medien. Tübinger Kunstgeschichte zum Bildwissen. reflex 2, 2010: 3.

Seitz H (2016) Performative Praxis und Kunst: Ereignisse im Quadrat. Matrix für Performances an der Schnittstelle zum Tanztheater. https://www.kubi-online.de/artikel/performative-praxis-kunst-ereignisse-quadrat-matrix-performances-schnittstelle-zum. [Zugriff am 15.03.2024].

Seitz H (2015) Performative Research. https://www.kubi-online.de/artikel/performative-research. [Zugriff am 17.04.2022].

Sinapius P (Hg.) (2018) Intermedialität und Performativität in den Künstlerischen Therapien. Berlin/Hamburg: HPB University Press

Sinapius P (2010a) Ästhetik therapeutischer Beziehungen – Therapie als ästhetische Praxis. Aachen: Shaker Verlag.

Sinapius P (2010b) In der Farbe zeigt sich das Leben. Vortrag auf dem Arbeitstreffen der Kunsterzieher. Ottersberg. 20.10.2010: 11.

Sloterdijk P (2020) Sphären I. Blasen. Globen. Schäume. Frankfurt: Suhrkamp

Stölzel T (2015) Die Welt erkunden. Sprache und Wahrnehmung in Therapie, Beratung und Coaching. Göttingen: Vandenhoeck & Ruprecht.

Uecker G (2011) Kunst nach 1945: Günther Uecker, (02:30–02:45). https://www.youtube.com/watch?v=omTBdbXo_dc [Zugriff am 03.08.2024]

Vetter H (2007) Was ist Phänomenologie? Existenzanalyse 24/2. https://www.google.com/url?sa=t&source=web&rct=j&opi=89978449&url=https://www.existenzanalyse.net/wp-content/uploads/EA_2007-2_01.pdf&ved=2ahUKEwiT-5LK_vWEAxXY_bsIHfl3DREQFnoECA0QAQ&usg=AOvVaw3v-9-QN-8st93MfwcT8S35 [Zugriff am 15.03.2024].

Walsh F (1998) Strengthening family resilience. New York: Guilford.

Waldenfels B (2010) Responsive Ethik zwischen Antwort und Verantwortung Deutsche Zeitschrift für Philosophie, vol. 58, no. 1, 2010, pp. 71–82. https://doi.org/10.1524/dzph.2010.58.1.71. [Zugriff am 15.02.2025].

Waldenfels B (2002) Bruchlinien der Erfahrung. Berlin: Suhrkamp.

Waldenfels B (1997) Topographie des Fremden. Studien zur Phänomenologie des Fremden I. Frankfurt/M.: Suhrkamp.

Waldenfels B (1994) Antwortregister. Frankfurt/M.: Suhrkamp.

Wendland J (2018) Über das Zueinander der Dinge. Dingkonstellationen als Ausgangsfiguren künstlerischer Praxis. In: Sinapius P (Hg.) Intermedialität und Performativität in den Künstlerischen Therapien. Berlin/Hamburg: HPB University Press.

Wendland J (2016) Was wir lieben. Umkreisungen. Band I. Lieben. Berlin: Ripperger & Kremers.

Wesseling J (2016) Of Sponge, Stone and the intertwinement of the Here and Now. A Methodology of Artistic Research. Inaugural Lecture of the Chair of Practice and Theory of Research in Visual Arts. Leiden University. Faculty of Humanities, Academy of Creative and Performing Arts. Leiden: Vis-a-Vis Series.

Winkler T (1994) Die Phänomenologie von Maurice Merleau-Ponty als ungeschriebene Kunstphilosophie,142. https://www.researchgate.net/publication/338921267_Die_Phanomenologie_von_Maurice_Merleau-Ponty_als_ungeschriebene_Kunstphilosophie. Dissertation. [Zugriff am 01.01.2023].

Wittgenstein L (2011) Philosophische Untersuchungen. In Savigny E von (Hg.) Berlin: Akademie Verlag.

Zahavi D (2007) Phänomenologie für Einsteiger. Teil I: Methodologische Grundthemen: 3. Die phänomenologische Epoché und Reduktion. Paderborn: Wilhelm Fink GmbH & Co. Verlags-KG.

Personenverzeichnis

Stichwortverzeichnis

E

F

G

H

I

K

L

M

N

O

P

Q

R

S

T

U

V

W

Z